CHANSONS

NOUVELLES ET DERNIÈRES

DE

P.J. DE BERANGER.

PARIS.—DE L'IMPRIMERIE DE JULES DIDOT L'AINÉ,
Rue du Pont-de-Lodi, n° 6.

CHANSONS

NOUVELLES ET DERNIÈRES

DE

P. J. DE BÉRANGER

DÉDIÉES

A M. LUCIEN BONAPARTE

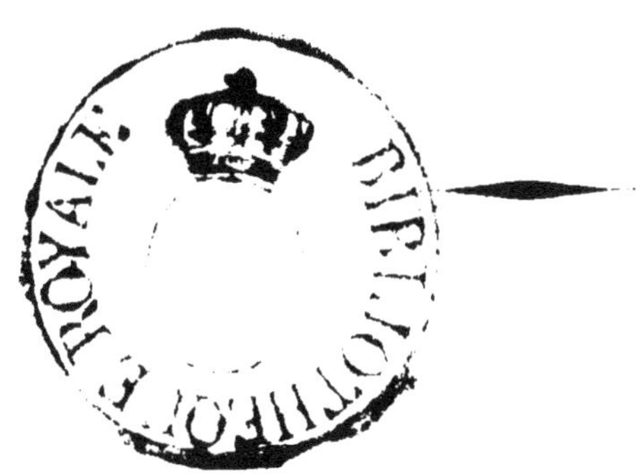

PARIS

PERROTIN, ÉDITEUR

RUE DES FILLES-SAINT-THOMAS, N° 1

PLACE DE LA BOURSE

1833

A

M. LUCIEN BONAPARTE,

PRINCE DE CANINO.

En 1803, privé de ressources, las d'espérances déçues, versifiant sans but et sans encouragement, sans instruction et sans conseils, j'eus l'idée (et combien d'idées semblables étaient restées sans résultat!), j'eus l'idée de mettre sous enveloppe mes informes poésies et de les adresser, par la poste, au frère du premier Consul, M. Lucien Bonaparte, déja célèbre par un grand talent oratoire et par l'amour des arts et des lettres. Mon épître d'envoi, je me le rappelle encore, digne d'une jeune tête toute républicaine, portait l'empreinte de l'orgueil blessé par le besoin de recourir à un protecteur. Pauvre inconnu, désappointé tant de fois, je n'osais compter sur le succès d'une démarche que personne n'appuyait. Mais le troisième jour, ô joie indicible! M. Lucien m'appelle auprès de lui, s'informe de ma position, qu'il adoucit bientôt; me parle en poëte et me prodigue des encouragements et des conseils. Malheureusement il est forcé de s'éloigner de la France. J'allais me croire oublié, lorsque je reçois de Rome une procuration pour toucher le traitement de l'Institut dont M. Lucien était membre, avec une lettre que j'ai précieusement conservée et où il me dit:

« Je vous adresse une procuration pour « toucher mon traitement de l'Institut. Je « vous prie d'accepter ce traitement, et je ne « doute pas que si vous continuez de cultiver « votre talent par le travail, vous ne soyez un « jour un des ornements de notre Parnasse. « Soignez sur-tout la délicatesse du rhythme : « ne cessez pas d'être hardi, mais soyez plus « élégant, » etc., etc.

Jamais on n'a fait le bien avec une grace plus encourageante; jamais, en arrachant un jeune poëte à la misère, on ne l'a mieux relevé à ses propres yeux. Aux sages avis qui accompagnent de tels bienfaits, on sent que ce n'est pas la froide main d'une générosité banale qui vient vous tirer de l'abyme. Quel cœur n'en eût été vivement ému! j'aurais voulu pouvoir rendre ma reconnaissance publique; la censure s'y opposa. Mon protecteur était proscrit comme il l'est encore.

Pendant les *cent-jours*, M. Lucien Bonaparte me fit entendre qu'en m'adonnant à la chanson, je détournais mon talent de la vocation plus élevée qu'il semblait avoir eue d'abord. Je le sentais; mais j'ai toujours penché à croire qu'à certaines époques les lettres et les arts ne doivent pas être de simples objets de luxe, et je commençais à deviner le parti qu'on pourrait tirer pour la cause de la liberté d'un genre de poésie éminemment national. Je ne sais ce que M. Lucien pense aujourd'hui de mes chansons; j'ignore même s'il les connaît. Je lui ai plusieurs fois écrit pendant la Restauration sans en obtenir de réponse. En vain me suis-je dit qu'en me répondant il craignait sans doute de me compromettre, son silence m'a affligé. Depuis la révolution de Juillet, j'ai cru devoir attendre la publication de mon dernier recueil pour lui rappeler tout ce qu'il a fait pour moi.

En ce moment où mes regards se portent en arrière, il m'est bien doux de les arrêter sur l'homme illustre qui, jadis, m'a sauvé de l'infortune; sur celui qui, en me donnant foi dans mon talent, a rendu à mon ame les forces que le malheur allait achever de lui ravir! Sa protection placée ailleurs eût pu procurer un grand poëte à la France, mais elle ne pouvait rencontrer un cœur plus reconnaissant.

Le souvenir de mon bienfaiteur me suivra jusque dans la tombe. J'en atteste les larmes que je répands encore après trente ans, lorsque je me reporte au jour béni cent fois, où, assuré d'une telle protection, je crus tenir de la Providence elle-même une promesse de bonheur et de gloire.

Puisse l'hommage de ces sentiments si vrais, si mérités, parvenir jusqu'à M. Lucien Bonaparte et adoucir pour lui l'exil où mes vœux ne sont que trop habitués à l'aller chercher! Puisse sur-tout ma voix être entendue, et la France se hâter enfin de tendre les bras à ceux de ses enfants qui portent le grand nom dont elle sera éternellement fière!

Passy, 15 janvier 1833.

PRÉFACE.

PRÉFACE.

Au moment de prendre congé du public, je sens avec une émotion plus profonde la reconnaissance que je lui dois ; je me retrace plus vivement les marques d'intérêt dont il m'a comblé, depuis près de vingt ans que mon nom a commencé à lui être connu.

Telle a été sa bienveillance, qu'il n'eût tenu qu'à moi de me faire illusion sur le mérite de mes ouvrages. J'ai toujours mieux aimé attribuer ma popularité, qui m'est bien chère, à mes sentiments patriotiques, à la constance de mes opinions, et, j'ose ajouter, au dévouement désintéressé avec lequel je les ai défendues et propagées.

Qu'il me soit donc permis de rendre compte à ce même public, dans une simple causerie, des circonstances et des impressions qui m'ont été particulières, et auxquelles se rattache la publication des chansons qu'il a accueillies si favorablement. C'est une sorte de narration familière où il reconnaîtra du moins tout le prix que j'ai attaché à ses suffrages.

Je dois parler d'abord de ce dernier volume.

Chacune de mes publications a été pour moi le résultat d'un pénible effort. Celle-ci m'aura causé à elle seule plus de malaise que toutes les autres ensemble. Elle est la dernière; malheureusement elle vient trop tard. C'est immédiatement après la révolution de Juillet que ce volume eût dû paraître : ma modeste mission était alors terminée. Mes éditeurs savent pourquoi il ne m'a pas été permis d'achever plus tôt un rôle privé désormais de l'intérêt qu'il pouvait avoir sous le régne de la légitimité. Beaucoup de chansons de ce nouveau recueil appartiennent à ce temps déja loin de nous, et plusieurs même auront besoin de notes.

Mes chansons, c'est moi. Aussi le triste progrès des années s'y fait sentir au fur et à mesure que les volumes s'accumulent, ce qui me fait craindre que celui-ci ne paraisse bien sérieux. Si beaucoup de personnes m'en font un reproche, quelques unes m'en sauront gré, je l'espère ; elles reconnaîtront que l'esprit de l'époque actuelle a dû contribuer, non moins que mon âge, à rendre le choix de mes sujets plus grave et plus philosophique.

Les chansons, nées depuis 1830, semblent en effet se rattacher plutôt aux questions d'intérêt social qu'aux discussions purement politiques. En doit-on être étonné? Une fois qu'on suppose reconquis le principe gouvernemental pour lequel on a combattu, il est naturel que l'intelligence éprouve le besoin d'en faire l'application au profit du plus grand nombre. Le bonheur de l'humanité a été le songe de ma vie. J'en ai l'obligation, sans doute, à la classe dans laquelle je suis né, et à l'éducation pratique que j'y ai reçue. Mais il a fallu bien des circonstances extraordinaires pour qu'il fût permis à un chansonnier de s'immiscer dans les hautes questions d'améliorations sociales. Heureusement une foule d'hommes, jeunes et courageux, éclairés et ardents, ont donné, depuis peu, un grand développement à ces questions, et sont parvenus à les rendre presque vulgaires. Je souhaite que quelques unes de mes compositions prouvent à ces esprits élevés ma sympathie pour leur généreuse entreprise.

Je n'ai rien à dire des chansons qui appartiennent au temps de la Restauration, si ce n'est qu'elles sont sorties toutes faites de la prison de *la Force*. J'aurais peu tenu à les imprimer, si elles ne complétaient ces espèces de mémoires chantants que je publie depuis 1815. Je n'ai pas, au reste, à craindre qu'on me fasse le reproche de ne montrer de courage que lorsque l'ennemi a disparu. On pourra même remarquer que ma détention, bien qu'assez longue, ne m'avait nullement aigri : il est vrai qu'alors je croyais voir s'approcher l'accomplissement de mes prophéties contre les Bourbons. C'est ici l'occasion de m'expliquer sur la petite guerre que j'ai faite aux princes de la branche déchue.

Mon admiration enthousiaste et constante pour le génie de l'empereur, ce qu'il inspirait d'idolâtrie au peuple, qui ne cessa de voir en lui le représentant de l'égalité victorieuse; cette admiration, cette idolâtrie, qui devaient faire un jour de Napoléon le plus noble objet de mes chants, ne m'aveuglèrent jamais sur le despotisme toujours croissant de l'empire. En 1814, je ne vis dans la chute du colosse que les malheurs d'une patrie que la République m'avait appris à adorer. Au retour des Bourbons, qui m'étaient indifférents, leur faiblesse me parut devoir rendre facile la renaissance des libertés nationales. On nous assurait qu'ils feraient alliance avec elles : malgré la Charte, j'y croyais peu; mais on pouvait leur imposer ces libertés. Quant au peuple, dont je ne me suis jamais séparé, après le dénouement fatal de si longues guerres, son opinion ne me parut pas d'abord décidément contraire aux maîtres qu'on venait d'exhumer pour lui. Je chantai alors la gloire de la France; je la chantai en présence des étrangers, frondant déja toutefois quelques ridicules de cette époque, sans être encore hostile à la royauté restaurée.

On m'a reproché d'avoir fait une opposition de haine aux Bourbons; ce que je viens de dire répond à cette accusation, que peu de personnes aujourd'hui, j'en suis sûr, tiendraient à repousser, et qu'autrefois j'acceptais en silence.

Les illusions durèrent peu; quelques mois suffirent pour que chacun pût se reconnaître, et dessillèrent les yeux des moins clairvoyants; je ne parle que des gouvernés.

Le retour de l'empereur vint bientôt partager la France en deux camps, et constituer l'opposition qui a triomphé en 1830. Il releva le drapeau national et lui rendit son avenir, en dépit de Waterloo et des désastres qui en furent la suite. Dans les *cent-jours*, l'enthousiasme populaire ne m'abusa point: je vis que Napoléon ne pouvait gouverner constitutionnellement; ce n'était pas pour cela qu'il avait été donné au monde. Tant bien que mal, j'exprimai mes craintes dans la chanson intitulée *la Politique de Lise*, dont la forme a si peu de rapport avec le fond: ainsi que le prouve mon premier recueil, je n'avais pas encore osé faire prendre à la chanson un vol plus élevé; ses ailes poussaient. Il me fut plus facile de livrer au ridicule les Français qui ne rougissaient pas d'appeler de leurs vœux impies le triomphe et le retour des armées étrangères. J'avais répandu des larmes à leur première entrée à Paris; j'en versai à la seconde: il est peut-être des gens qui s'habituent à de pareils spectacles.

J'eus alors la conviction profonde que les Bourbons, fussent-ils tels que l'osaient encore dire leurs partisans, il n'y avait plus pour eux possibilité de gouverner la France, ni pour la France possibilité de leur faire adopter les principes libéraux, qui, depuis 1814, avaient reconquis tout ce que leur avaient fait perdre la terreur, l'anarchie directoriale et la gloire de l'empire. Cette conviction, qui ne m'a plus abandonné, je la devais moins d'abord aux calculs de ma raison qu'à l'instinct du peuple. A chaque événement je l'ai étudié avec un soin religieux, et j'ai presque toujours attendu que ses sentiments me parussent en rapport avec mes réflexions pour en faire ma régle de conduite, dans le rôle que l'opposition d'alors m'avait donné à remplir. Le peuple, c'est ma muse.

C'est cette muse qui me fit résister aux prétendus sages, dont les conseils, fondés sur des espérances chimériques, me poursuivirent maintes fois. Les deux publications qui m'ont valu des condamnations judiciaires, m'exposèrent à me voir abandonné de beaucoup de mes amis politiques. J'en courus le risque. L'approbation des masses me resta fidèle, et les amis revinrent. *

* Par un rapprochement singulier, dont je m'honore, ces deux

Je tiens à ce qu'on sache bien qu'à aucune époque de ma vie de chansonnier, je ne donnai droit à personne de me dire : Fais ou ne fais pas ceci ; va ou ne va pas jusque-là. Quand je sacrifiai le modique emploi, que je ne devais qu'à M. Arnault, et qui était alors ma seule ressource, des hommes pour qui j'ai conservé une reconnaissance profonde, me firent des offres avantageuses que j'eusse pu accepter sans rougir ; mais ils avaient une position politique trop influente pour qu'elle ne m'eût pas gêné quelquefois. Mon humeur indépendante résista aux séductions de l'amitié. Aussi étais-je surpris et affligé lorsqu'on me disait le pensionné de tel ou de tel, de Pierre ou de Paul, de Jacques ou de Philippe. Si cela eût été, je n'en aurais pas fait mystère. C'est parceque je sais quel pouvoir la

condamnations me réunirent en prison à M. Cauchois-Lemaire, ex-proscrit, écrivain encore plus intempestif que moi, c'est-à-dire plus courageux et par conséquent aussi plus abandonné des uns et plus maltraité des autres.

reconnaissance exerce sur moi, que j'ai craint de contracter de semblables obligations, même envers les hommes que j'estime le plus. *

Il en est un que mes lecteurs auront nommé d'abord : M. Laffitte. Peut-être ses instances eussent-elles fini par triompher de mes refus, si des malheurs dont la France entière a gémi n'étaient venus mettre un terme à l'infatigable générosité de ce grand et vertueux citoyen, le seul homme de notre temps qui ait su rendre la richesse populaire.

La révolution de Juillet a aussi voulu faire ma

* J'ai cependant reçu un service pécuniaire à cette époque. Lorsque j'étais à la Force, en 1829, une souscription fut ouverte pour payer mon amende et les frais de justice. Malgré tous les efforts de mes jeunes amis de la société *Aide-toi, le Ciel t'aidera*, la souscription ne fut pas remplie entièrement, grace aux mêmes personnes qui avaient empêché la réélection de Manuel en 1824. Je n'ai point su quelle somme il manquait; mais je n'ai pu ignorer que l'un de nos plus recommandables citoyens, M. Bérard, chez qui la souscription était ouverte, m'acquitta envers le fisc. Ce service, au reste, doit me sembler de peu d'importance, comparé à ceux de tout genre que m'a rendus l'amitié de M. Bérard.

fortune ; je l'ai traitée comme une puissance qui peut avoir des caprices auxquels il faut être en mesure de résister. Tous ou presque tous mes amis ont passé au ministère : j'en ai même encore un ou deux qui restent suspendus à ce mât de cocagne. Je me plais à croire qu'ils y sont accrochés par la basque, malgré les efforts qu'ils font pour descendre. J'aurais donc pu avoir part à la distribution des emplois. Malheureusement je n'ai pas l'amour des sinécures, et tout travail obligé m'est devenu insupportable, hors peut-être encore celui d'expéditionnaire. Des médisants ont prétendu que je faisais de la vertu. Fi donc! je faisais de la paresse. Ce défaut m'a tenu lieu de bien des qualités ; aussi je le recommande à beaucoup de nos honnêtes gens. Il expose pourtant à de singuliers reproches. C'est à cette paresse si douce, que des censeurs rigides ont attribué l'éloignement où je me suis tenu de ceux de mes honorables amis qui ont eu le malheur d'arriver au pouvoir. Faisant trop d'honneur à ce qu'ils veulent bien appeler ma bonne tête, et oubliant trop combien il y a loin du simple bon sens à la science des grandes affaires, ces censeurs prétendent que mes conseils eussent éclairé plus d'un ministre. À les en croire, tapi derrière le fauteuil de velours de nos hommes d'état, j'aurais conjuré les vents, dissipé les orages, et fait nager la France dans un océan de délices. Nous aurions tous de la liberté à revendre ou plutôt à donner, car nous n'en savons pas bien encore le prix. Eh! messieurs mes deux ou trois amis, qui prenez un chansonnier pour un magicien, on ne vous a donc pas dit que le pouvoir est une cloche qui empêche ceux qui la mettent en branle d'entendre aucun autre son? Sans doute des ministres consultent quelquefois ceux qu'ils ont sous la main : consulter est un moyen de parler de soi qu'on néglige rarement. Mais il ne suffirait pas de consulter de bonne foi des gens qui conseilleraient de même. Il faudrait encore exécuter: ceci est la part du caractère. Les intentions les plus pures, le patriotisme le plus éclairé ne le donnent pas toujours. Qui n'a vu de hauts personnages quitter un donneur d'avis avec une pensée courageuse, et, l'instant d'après, revenir vers lui, de je ne sais quel lieu de fascination, avec l'embarras d'un démenti donné aux résolutions les plus sages ? Oh ! disent-ils, nous n'y serons plus repris ! quelle galère ! Le plus honteux ajoute : Je voudrais bien vous voir à ma place. Quand un ministre dit cela, soyez sûr qu'il n'a plus la tête à lui. Cependant il en est un, mais un seul, qui sans avoir perdu la tête, a répété souvent ce mot de la meilleure foi du monde ; aussi ne l'adressait-il jamais à un ami.

Je n'ai connu qu'un homme dont il ne m'eût pas été possible de m'éloigner, s'il fût arrivé au pouvoir. Avec son imperturbable bon sens, plus il était propre à donner de sages conseils, plus sa modestie lui faisait rechercher ceux des gens dont il avait éprouvé la raison. Les déterminations une fois prises, il les suivait avec fermeté et sans jactance. S'il en avait reçu l'inspiration d'un autre, ce qui était rare, il n'oubliait point de lui en faire honneur. Cet homme, c'était Manuel, à qui la France doit encore un tombeau.

Sous le ministère emmiellé de M. de Martignac, lorsque fatigués d'une lutte si longue contre la légitimité, plusieurs de nos chefs politiques travaillaient à la fameuse fusion, un d'eux s'écria : Sommes-nous heureux que celui-là soit mort ! C'est un éloge funèbre qui dit tout ce que Manuel vivant n'eût pas fait, à cette époque de promesses hypocrites et de concessions funestes.

Moi, je puis dire ce qu'il aurait fait pendant les Trois-Journées. La rue d'Artois, l'Hôtel-de-Ville et les barricades l'auraient vu tour-à-tour, délibérant ici, se battant là ; mais les barricades d'abord, car son courage de vieux soldat s'y fût trouvé plus à l'aise au milieu de tout le brave peuple de Paris. Oui, il eût travaillé au berceau de notre révolution. Certes, on n'eût pas eu à dire de lui ce qu'on a répété de plusieurs, qu'ils sont comme des greffiers de mairie qui se croiraient les pères des enfants dont ils n'ont que dressé l'acte de naissance.

Il est vraisemblable que Manuel eût été forcé d'accepter une part aux affaires du nouveau gouvernement. Je l'aurais suivi, les yeux fermés, par tous les chemins qu'il lui eût fallu prendre pour revenir bientôt sans doute au modeste asile que nous partagions. Patriote avant tout, il fût rentré dans la vie privée sans humeur, sans arrière-pensées ; à l'heure qu'il est, de l'opposition probablement encore, mais sans haine de personnes, car la force donne de l'indulgence, mais sans désespérer du pays, parcequ'il avait foi dans le peuple.

Le bonheur de la France le préoccupait sans cesse ; eût-il vu accomplir ce bonheur par d'autres que lui, sa joie n'en eût pas été moins grande. Je n'ai jamais rencontré d'homme moins ambitieux, même de célébrité. La simplicité de ses mœurs lui faisait chérir la vie des champs. Dès qu'il eût été sûr que la France n'avait plus besoin de lui, je l'entends s'écrier : Allons vivre à la campagne.

Ses amis politiques ne l'ont pas toujours bien apprécié ; mais survenait-il quelque embarras, quelque danger, tous s'empressaient de recourir à sa raison imperturbable, à son inébranlable courage. Son talent ressemblait à leur amitié. C'est dans les moments de crise qu'il en avait toute la plénitude, et que bien des faiseurs de phrases, qu'on appelle orateurs, baissaient la tête devant lui.

Tel fut l'homme que je n'aurais pas quitté, eût-il dû vieillir dans une position éminente. Loin de lui la pensée de m'affubler d'aucun titre, d'aucun emploi ! car il respectait mes goûts. C'est comme simple volontaire qu'il eût voulu me garder à ses côtés sur le champ de bataille du pouvoir. Et moi, en restant auprès de lui, je lui aurais du moins fait gagner le temps que lui eussent pris, chaque jour, les visites qu'il n'eût pas manqué de me faire, si je m'étais obstiné à vivre dans notre paisible retraite. Aux sentiments les plus élevés s'unissaient dans son cœur les affections les plus douces; il n'était pas moins tendre ami que citoyen dévoué.

Ces derniers mots suffiront pour justifier cette digression, qui d'ailleurs ne peut déplaire aux vrais patriotes. Ils n'ont jamais plus regretté Manuel que depuis la révolution de Juillet, en dépit de quelques gens qui peut-être répètent tout bas: Sommes-nous heureux que celui-là soit mort!

Il est temps de jeter un coup d'œil général sur mes chansons. Je le confesse d'abord : je conçois les reproches que plusieurs ont dû m'attirer de la part des esprits austères, peu disposés à pardonner quelque chose, même à un livre qui n'a pas la prétention de servir à l'éducation des demoiselles. Je dirai seulement, sinon comme défense, au moins comme excuse, que ces chansons, folles inspirations de la jeunesse et de ses retours, ont été des compagnes fort utiles, données aux graves refrains et aux couplets politiques. Sans leur assistance, je suis tenté de croire que ceux-ci auraient bien pu n'aller ni aussi loin ni aussi bas, ni même aussi haut; ce dernier mot dût-il scandaliser les vertus de salon.

Quelques unes de mes chansons ont été traitées d'impies, les pauvrettes! par MM. les procureurs du roi, avocats-généraux et leurs substituts, qui sont tous gens très religieux à l'audience. Je ne puis, à cet égard, que répéter ce qu'on a dit cent fois. Quand, de nos jours, la religion se fait instrument politique, elle s'expose à voir méconnaître son caractère sacré; les plus tolérants deviennent intolérants pour elle; les croyants, qui croient autre chose que ce qu'elle enseigne, vont quelquefois, par représailles, l'attaquer jusque dans son sanctuaire. Moi, qui suis de ces croyants, je n'ai jamais été jusque-là: je me suis contenté de faire rire de la livrée du catholicisme. Est-ce de l'impiété?

Enfin, grand nombre de mes chansons ne sont que des inspirations de sentiments intimes ou des caprices d'un esprit vagabond ; ce sont là mes filles chéries : voilà tout le bien que j'en veux dire au public. Je ferai seulement observer encore, qu'en jetant une grande variété dans mes recueils, celles-ci ont dû n'être pas inutiles non plus au succès des chansons politiques.

Quant à ces dernières, à n'en croire même que les adversaires les plus prononcés de l'opinion que j'ai défendue pendant quinze ans, elles ont exercé une puissante influence sur les masses, seul levier qui, désormais, rende les grandes choses possibles. L'honneur de cette influence, je ne l'ai pas réclamé au moment de la victoire : mon courage s'évanouit aux cris qu'elle fait pousser. Je crois, en vérité, que la défaite va mieux à mon humeur. Aujourd'hui, j'ose donc réclamer ma part dans le triomphe de 1830, triomphe que je n'ai su chanter que long-temps après et devant les sépultures des citoyens à qui nous le devons. Ma chanson d'*adieu* se ressent de ce mouvement de vanité politique, produit sans doute par les flatteries qu'une jeunesse enthousiaste m'a prodiguées et me prodigue encore. Prévoyant que bientôt l'oubli enveloppera les chansons et le chansonnier, c'est une épitaphe que j'ai voulu préparer pour notre tombe commune.

Malgré tout ce que l'amitié a pu faire; malgré les plus illustres suffrages et l'indulgence des interprètes de l'opinion publique, j'ai toujours pensé que mon nom ne me survivrait pas, et que ma réputation déclinerait d'autant plus vite qu'elle a été nécessairement fort exagérée par l'intérêt de parti qui s'y est attaché. On a jugé de sa durée par son étendue; j'ai fait, moi, un calcul différent qui se réalisera de mon vivant, pour peu que je vieillisse. A quoi bon nous révéler cela? diront quelques aveugles. Pour que mon pays me sache gré, sur-tout, de m'être livré au genre de poésie que j'ai jugé le plus utile à la cause de la liberté, lorsque je pouvais tenter des succès plus solides dans les genres que j'avais cultivés d'abord.

Sur le point de faire ici un examen consciencieux de ces productions fugitives, le courage m'a manqué, je l'avoue. J'ai craint qu'on ne me prît au mot lorsque je relèverais des fautes, et qu'on ne fît la sourde oreille aux cajoleries paternelles que je pourrais adresser à mes chansons; car encore faut-il bien que tout n'en soit pas mauvais. Puis, malgré la politesse des critiques à mon égard, ce serait peut-être pousser la reconnaissance trop loin que de faire ainsi leur besogne. Je le répète; le courage m'a manqué. On n'incendie guère sa maison que lorsqu'elle est assurée. Ce que je puis dire d'avance à ceux qui se font les exécuteurs des hautes œuvres littéraires, c'est que je suis complétement innocent des éloges exagérés qui m'ont été prodigués; que jamais il ne m'est arrivé de solliciter le moindre article de bienveillance; que j'ai été même jusqu'à prier des amis journalistes d'être pour moi plus sobres de louanges ; que loin de vouloir ajouter le bruit au bruit, j'ai évité les ovations qui l'augmentent ; me suis tenu loin des coteries qui le propagent ; et que j'ai fermé ma porte aux commis-voyageurs de la Renommée, ces gens qui se chargent de colporter votre réputation en province et jusque dans l'étranger, dont les *revues* et les *magasins* leur sont ouverts.

Je n'ai jamais poussé mes prétentions plus haut que ne l'indique le titre de chansonnier, sentant bien qu'en mettant toute ma gloire à conserver ce titre auquel je dois tant, je lui devrais encore d'être jugé avec plus d'indulgence, placé par-là loin et au-dessous de toutes les grandes illustrations de mon siècle. Le besoin de cette position spéciale a toujours dû m'ôter l'idée de courir après les dignités littéraires les plus enviées et les plus dignes de l'être, quelque instance que m'aient faite des amis influents et dévoués, qui, dans la poursuite de ces dignités, me promettaient, je suis honteux de le dire, plus de bonheur que n'en a eu B. Constant, grand publiciste, grand orateur, grand écrivain. Pauvre Cônstant!

A ceux qui douteraient de la sincérité de mes paroles, je répondrai: Les rêves poétiques les plus ambitieux ont bercé ma jeunesse; il n'est presque point de genre élevé que je n'aie tenté en silence. Pour remplir une immense carrière, à vingt ans, dépourvu d'études, même de celle du latin, j'ai cherché à pénétrer le génie de notre langue et les secrets du style. Les plus nobles encouragements m'ont été donnés alors. Je vous le demande: croyez-vous qu'il ne me soit rien resté de tout cela, et qu'aujourd'hui, jetant un regard de profonde tristesse sur le peu que j'ai fait, je sois disposé à m'en exagérer la valeur? mais j'ai utilisé ma vie de poëte, et c'est là ma consolation. Il fallait un homme qui parlât au peuple le langage qu'il entend et qu'il aime, et qui se créât des imitateurs pour varier et multiplier les versions du même texte. J'ai été cet homme. La Liberté et la Patrie, dira-t-on, se fussent bien passées de vos refrains. La Liberté et la Patrie ne sont pas d'aussi grandes dames qu'on le suppose : elles ne dédaignent le concours de rien de ce qui est populaire. Il y aurait, selon moi, injustice à porter sur mes chansons un jugement où il ne me serait pas tenu compte de l'influence qu'elles ont exercée. Il est des instants, pour une nation, où la meilleure musique est celle du tambour qui bat la charge.

Après tout, si l'on trouve que j'exagère beaucoup l'importance de mes couplets, qu'on pardonne au vétéran qui prend sa retraite, de grossir tant soit peu ses états de services. On pourra même observer que je parle à peine de mes blessures. D'ailleurs, la récompense que je sollicite ne fera pas ajouter un centime au budget.

Comme chansonnier, il me faut répondre à une critique que j'ai vue plusieurs fois reproduite. On m'a reproché d'avoir dénaturé la chanson, en lui faisant prendre un ton plus élevé que celui des

Collé, des Panard, des Désaugiers. J'aurais mauvaise grace à le contester, car c'est, selon moi, la cause de mes succès. D'abord, je ferai remarquer que la chanson, comme plusieurs autres genres, est tout une langue, et que, comme telle, elle est susceptible de prendre les tons les plus opposés. J'ajoute que depuis 1789, le peuple ayant mis la main aux affaires du pays, ses sentiments et ses idées patriotiques ont acquis un très grand développement; notre histoire le prouve. La chanson qu'on avait définie l'*expression des sentiments populaires*, devait dès-lors s'élever à la hauteur des impressions de joie ou de tristesse que les triomphes ou les désastres produisaient sur la classe la plus nombreuse. Le vin et l'amour ne pouvaient guère plus que fournir des cadres pour les idées qui préoccupaient le peuple exalté par la révolution, et ce n'était plus seulement avec les maris trompés, les procureurs avides et la *barque à Caron* qu'on pouvait obtenir l'honneur d'être chanté par nos artisans et nos soldats aux tables des guinguettes. Ce succès ne suffisait pas encore ; il fallait de plus que la nouvelle expression des sentiments du peuple pût obtenir l'entrée des salons pour y faire des conquêtes dans l'intérêt de ces sentiments. De là, autre nécessité de perfectionner le style et la poésie de la chanson.

Je n'ai pas fait seul toutes les chansons depuis quinze ou dix-huit ans. Qu'on feuillette tous les recueils, et l'on verra que c'est dans le style le plus grave que le peuple voulait qu'on lui parlât de ses regrets et de ses espérances. Il doit sans doute l'habitude de ce diapason élevé à l'immortelle *Marseillaise*, qu'il n'a jamais oubliée, comme on l'a pu voir dans la grande Semaine.

Pourquoi nos jeunes et grands poëtes ont-ils dédaigné les succès, que, sans nuire à leurs autres travaux, la chanson leur eût procurés ? notre cause y eût gagné, et, j'ose le leur dire, eux-mêmes eussent profité à descendre quelquefois des hauteurs de notre vieux Pinde, un peu plus aristocratique que ne le voudrait le génie de notre bonne langue française. Leur style eût sans doute été obligé de renoncer, en partie, à la pompe des mots. Mais, par compensation, ils se seraient habitués à résumer leurs idées en de petites compositions variées et plus ou moins dramatiques, compositions que saisit l'instinct du vulgaire, lors même que les détails les plus heureux lui échappent. C'est là, selon moi, mettre de la poésie en *dessous*. Peut-être est-ce, en définitive, une obligation qu'impose la simplicité de notre langue et à laquelle nous nous conformons trop rarement. La Fontaine en a pourtant assez bien prouvé les avantages.

J'ai pensé quelquefois que si les poëtes contemporains avaient réfléchi que désormais c'est pour le peuple qu'il faut cultiver les lettres, ils m'auraient envié la petite palme qu'à leur défaut, je suis parvenu à cueillir, et qui sans doute eût été durable mêlée à de plus glorieuses. Quand je dis peuple, je dis la foule; je dis le peuple d'en bas, si l'on veut. Il n'est pas sensible aux recherches de l'esprit, aux délicatesses du goût; soit! mais par-là même, il oblige les auteurs à concevoir plus fortement, plus grandement pour captiver son attention. Appropriez donc à sa forte nature et vos sujets et leurs développements; ce ne sont ni des idées abstraites, ni des types qu'il vous demande: montrez-lui à nu le cœur humain. Il me semble que Shakespeare fut soumis à cette heureuse condition. Mais que deviendra la perfection du style? Croit-on que les vers inimitables de Racine, appliqués à l'un de nos meilleurs mélodrames, eussent empêché, même aux boulevards, l'ouvrage de réussir? inventez, concevez pour ceux qui tous ne savent pas lire; écrivez pour ceux qui savent écrire.

Par suite d'habitudes enracinées, nous jugeons encore le peuple avec prévention. Il ne se présente à nous que comme une tourbe grossière, incapable d'impressions élevées, généreuses, tendres. Toutefois, chez nous il y a pis, même en matière de jugements littéraires, sur-tout au théâtre. S'il reste de la poésie au monde, c'est, je n'en doute pas, dans ses rangs qu'il faut l'aller chercher. Qu'on essaie donc d'en faire pour lui. Mais, pour y parvenir, il faut étudier ce peuple. Quand par hasard nous travaillons pour nous en faire applaudir, nous le traitons comme font ces rois qui, dans leurs jours de munificence, lui jettent des cervelas à la tête et le noient dans du vin frelaté. Voyez nos peintres : représentent-ils des hommes du peuple, même dans des compositions historiques, ils semblent se complaire à les faire hideux. Ce peuple ne pourrait-il pas dire à ceux qui le représentent ainsi : « Est-ce ma faute si je suis misérablement dé« guenillé ? si mes traits sont flétris par le be« soin, quelquefois même par le vice ? Mais « dans ces traits hâves et fatigués a brillé l'en« thousiasme du courage et de la liberté ; mais « sous ces haillons, coule un sang que je pro« digue à la voix de la patrie. C'est quand mon « ame s'exalte qu'il faut me peindre. Alors je

« suis beau ; » et le peuple aurait raison de parler ainsi.

Tout ce qui appartient aux lettres et aux arts est sorti des classes inférieures, à peu d'exceptions près. Mais nous ressemblons tous à des parvenus desireux de faire oublier leur origine; ou si nous voulons bien souffrir chez nous des portraits de famille, c'est à condition d'en faire des caricatures. Beau moyen de s'anoblir, vraiment! Les Chinois sont plus sages: ils anoblissent leurs aïeux.

Le plus grand poëte des temps modernes, et peut-être de tous les temps, Napoléon, lorsqu'il se dégageait de l'imitation des anciennes formes monarchiques, jugeait le peuple ainsi que devraient le juger nos poëtes et nos artistes. Il voulait, par exemple, que le spectacle des représentations *gratis* fût composé des chefs-d'œuvre de la scène française. Corneille et Molière en faisaient souvent les honneurs, et l'on a remarqué que jamais leurs pièces ne furent applaudies avec plus de discernement. Le grand homme avait appris de bonne heure, dans les camps et au milieu des troubles révolutionnaires, jusqu'à quel degré d'élévation peut atteindre l'instinct des masses, habilement remuées. On serait tenté de croire que c'est pour satisfaire à cet instinct qu'il a tant fatigué le monde. L'amour que porte à sa mémoire la génération nouvelle qui ne l'a pas connu, prouve assez combien l'émotion poétique a de pouvoir sur le peuple. Que nos auteurs travaillent donc sérieusement pour cette foule si bien préparée à recevoir l'instruction dont elle a besoin. En sympathisant avec elle, ils achèveront de la rendre morale, et plus ils ajouteront à son intelligence, plus ils étendront le domaine du génie et de la gloire.

Les jeunes gens, je l'espère, me pardonneront ces réflexions que je ne hasarde ici que pour eux. Il en est peu qui ne sachent l'intérêt que tous m'inspirent. Combien de fois me suis-je entendu reprocher des applaudissements donnés à leurs plus audacieuses innovations! Pouvais-je ne pas applaudir, même en blâmant un peu? Dans mon grenier, à leur âge, sous le règne de l'abbé Delille, j'avais moi-même projeté l'escalade de bien des barrières. Je ne sais quelle voix me criait: Non, les Latins et les Grecs même ne doivent pas être des modèles; ce sont des flambeaux: sachez vous en servir. Déja la partie littéraire et poétique des admirables ouvrages de M. de Chateaubriand m'avait arraché aux lisières des Le Batteux et des La Harpe; service que je n'ai jamais oublié.

Je l'avoue pourtant; je n'aurais pas voulu plus tard voir recourir à la langue morte de Ronsard, le plus classique de nos vieux auteurs; je n'aurais pas voulu sur-tout qu'on tournât le dos à notre siècle d'affranchissement, pour ne fouiller qu'au cercueil du moyen âge, à moins que ce ne fût pour mesurer et peser les chaînes dont les hauts barons accablaient les pauvres serfs, nos aïeux. Peut-être avais-je tort, après tout. C'est lorsqu'à travers l'Atlantique il croyait voguer vers l'Asie, berceau de l'ancien monde, que Colomb rencontra un monde nouveau. Courage donc, jeunes gens! il y a de la raison dans votre audace. Mais, puisque vous avez l'avenir pour vous, montrez un peu moins d'impatience contre la génération qui vous a précédés, et qui marche encore à votre tête par rang d'âge. Elle a été riche aussi en grands talents et tous se sont plus ou moins consacrés aux progrès des libertés dont les fruits ne mûriront guère que pour vous. C'est du milieu des combats à mort de la tribune, au bruit des longues et sanglantes batailles; dans les douleurs de l'exil; au pied des échafauds que, par de brillants et nombreux succès, ils ont entretenu le culte des Muses, et qu'ils ont dit à la barbarie: Tu n'iras pas plus loin. Et vous le savez; elle ne s'arrête que devant la gloire.

Quant à moi qui, jusqu'à présent, n'ai eu qu'à me louer de la jeunesse, je n'attendrai pas qu'elle me crie: Arrière, bon homme! laisse-nous passer. Ce que l'ingrate pourrait faire avant peu. Je sors de la lice pendant que j'ai encore la force de m'en éloigner. Trop souvent au soir de la vie nous nous laissons surprendre par le sommeil sur la chaise où il vient nous clouer. Mieux vaudrait aller l'attendre au lit, dont alors on a si grand besoin. Je me hâte de gagner le mien, quoiqu'il soit un peu dur.

Quoi! vous ne ferez plus de chansons? Je ne promets pas cela; entendons-nous, de grace. Je promets de n'en pas publier davantage. Aux joies du travail succèdent les dégoûts du besoin de vivre; bon gré mal gré, il faut trafiquer de la Muse : le commerce m'ennuie; je me retire. Mon ambition n'a jamais été à plus d'un morceau de pain pour mes vieux jours : elle est satisfaite, bien que je ne sois pas même électeur, et que je ne puisse espérer jamais l'honneur d'être éligible, en dépit de la révolution de Juillet, à qui je n'en veux pas pour cela. A ne faire des chansons que pour vous, dira-t-on, le dégoût vous prendra bien vite. Eh! ne puis-je faire autre chose que des couplets pour ma fête? Je n'ai pas renoncé à être utile. Dans la retraite où je vais me confiner, les souvenirs se presseront en foule. Ce sont les bonnes fortunes d'un vieillard. Notre époque, agitée par tant de passions extrêmes, ne transmettra que peu de jugements équitables sur les contemporains qui occupent ou ont occupé la scène, qui ont soufflé les acteurs ou encombré les coulisses. J'ai connu un grand nombre d'hommes qui ont marqué depuis vingt ans; sur presque tous ceux que je n'ai pas vus ou que je n'ai fait qu'entrevoir, ma mémoire a recueilli quantité de faits plus ou moins caractéristiques. Je veux faire une espèce de Dictionnaire historique, où, sous chaque nom de nos notabilités politiques et littéraires, jeunes ou vieilles, viendront se classer mes nombreux souvenirs et les jugements que je me permettrai de porter ou que j'emprunterai aux autorités compétentes. Ce travail peu fatigant, qui n'exige ni des connaissances profondes, ni le talent de prosateur, remplira le reste de ma vie. Je jouirai du plaisir de rectifier bien des erreurs et des calomnies qu'enfante toujours une lutte envenimée; car ce n'est pas dans un esprit de dénigrement, on le conçoit, que j'ai formé ce projet. Dans une cinquantaine d'années, ceux qui voudront écrire l'histoire de ces jours féconds en événements, n'auront à consulter, je le crains bien, que des documents entachés de partialité. Les notes que je laisserai à ma mort pourront inspirer quelque confiance, même dans ce qu'elles auront de sévère, car je ne prétends pas n'être qu'un panégyriste. Les historiens savent tant de choses, qu'ils sauront sans doute alors que j'ai eu peu à me plaindre des hommes, même des hommes puissants; que si je n'ai rien été, c'est comme d'autres sont quelque chose, je veux dire en me donnant de la peine pour cela; ils n'auront donc pas à me ranger au nombre des gens désappointés et chagrins. Ils sauront peut-être aussi que j'ai joui de la réputation d'observateur assez attentif, assez exact, assez pénétrant, et qu'enfin je m'en suis toujours plutôt pris à la faiblesse des hommes qu'à leur mauvais vouloir du mal que j'ai pu voir faire dans mon temps. Des matériaux recueillis dans cet esprit manquent trop souvent pour que les historiens à venir ne tirent pas bon parti de ceux que je laisserai. La France un jour pourra m'en savoir gré. Qui sait si ce n'est pas à cet ouvrage de ma vieillesse que mon nom devra de me survivre? Il serait plaisant que la postérité dît : Le judicieux, le grave Béranger ! Pourquoi pas ?

Mais voici bien des pages à la suite les unes des autres, sans trop de logique, ni sur-tout de nécessité. Se douterait-on, à la longueur de cette préface, que j'ai toujours redouté d'entretenir le public de moi, autrement qu'en chansons? Je crains bien d'avoir abusé étrangement du privilége que donne l'instant des adieux : il me reste pourtant encore une dette de cœur à acquitter.

Au risque d'avoir l'air de solliciter pour mes nouvelles chansons l'indulgence des journaux, mise par moi si souvent à l'épreuve, je dois témoigner ma reconnaissance à leurs rédacteurs, pour l'appui qu'ils m'ont prêté dans mes petites guerres avec le pouvoir. Ceux de mon opinion ont plus d'une fois bravé les ciseaux de la censure et les ongles de la main de justice pour venir à mon secours dans les moments périlleux. Nul doute que sans eux on ne m'eût fait payer plus chèrement la témérité de mes attaques. Je ne suis point de ceux qui oublient les obligations qu'ils ont à la presse périodique.

Je me fais un devoir d'ajouter que même les journaux de l'opinion la plus opposée à la mienne, tout en repoussant l'hostilité de mes principes, m'ont paru presque toujours garder la mesure qu'un homme convaincu a droit d'attendre de ses adversaires, sur-tout quand il ne s'en prend qu'à ceux qui sont en position de se venger.

J'attribue cette bienveillance si générale à l'empire qu'exerce en France le genre auquel je me suis exclusivement livré. Cela seul suffirait pour m'ôter toute envie d'accoler jamais aucun autre titre à celui de chansonnier, qui m'a rendu cher à mes concitoyens.

CHANSONS

NOUVELLES ET DERNIÈRES

DE

P. J. DE BERANGER.

LE FEU DU PRISONNIER.

LA FORCE, 1829.

AIR du vaudeville de Taconnet.

Combien le feu tient douce compagnie
Au prisonnier, dans les longs soirs d'hiver!
Seul avec moi se chauffe un bon Génie,
Qui parle haut, rime ou chante un vieux air. (*bis.*)

Il me fait voir, sur la braise animée,
Des bois, des mers, un monde en peu d'instants. (*bis.*)
Tout mon ennui s'envole à la fumée. } *bis.*
O bon Génie, amusez-moi long-temps. }

Jeune, il me fit rêver, pleurer, sourire;
Vieux, il me berce avec mes premiers jeux.
Du doigt, dans l'âtre, il signale un navire:
Je vois trois mâts sur des flots orageux.
Le vaisseau vogue, et bientôt l'équipage
Sous un beau ciel saluera le printemps.
Moi seul je reste enchaîné sur la plage.
O bon Génie, amusez-moi long-temps.

Ici, que vois-je? est-ce un aigle qui vole
Et du soleil mesure la hauteur?
C'est un ballon: voici la banderole,
Et la nacelle et le navigateur.
L'audacieux, si la pitié l'inspire,
Doit de ces murs plaindre les habitants.
Libre là haut, quel air pur il respire!
O bon Génie, amusez-moi long-temps.

D'un canton suisse, ah! voilà bien l'image :
Glaciers, torrents, vallons, lacs et troupeaux.
J'aurais dû fuir quand j'ai prévu l'orage;
La liberté, là, m'offrait le repos. [1]
Je franchirais ces monts à crête immense,
Où je crois voir nos vieux drapeaux flottants.
Mon cœur n'a pu s'arracher à la France.
O bon Génie, amusez-moi long-temps.

Dans mon désert encor quelque mirage!
Génie, allons sur ces coteaux boisés.
En vain tout bas on me dit : Deviens sage ; [2]
Plie un genou, tes fers seront brisés.
Vous, qui, bravant le geôlier qui nous guette,
Me rendez jeune à près de cinquante ans,
Sur ce brasier, vite, un coup de baguette.
O bon Génie, amusez-moi long-temps.

MES JOURS GRAS DE 1829.

AIR : Dis-moi donc, mon petit Hippolyte.

Mon bon Roi, Dieu vous tienne en joie !
Bien qu'en butte à votre courroux,
Je passe encor, grace à Bridoie, [3]
Un carnaval sous les verrous.
Ici fallait-il que je vinsse
Perdre des jours vraiment sacrés !
J'ai de la rancune de prince :
Mon bon Roi, vous me le paierez.

Dans votre beau discours du trône,
Méchant, vous m'avez désigné.
C'est me recommander au prône
Aussi me suis-je résigné.

Mais triste et seul, quand j'entends rire
Tout Paris en joyeux émoi,
Je reprends goût à la satire :
Vous me le paierez, mon bon Roi.

Voyez, verre en main, bouche pleine,
Fous déguisés de vingt façons,
Mes amis m'oublier sans peine,
Tout en répétant mes chansons.
Avec eux, ma verve en démence
Eût perdu ses traits acérés.
J'aurais pu boire à la clémence :
Mon bon Roi, vous me le paierez.

Vous connaissez Lise la folle,
Qui sur mes fers pleure d'ennui;
Ce soir même un bal la console :
« Bah ! dit-elle; tant pis pour lui ! »
J'allais, pour complaire à la belle,
Nous peindre heureux sous votre loi ;
Serviteur ! Lise est infidèle :
Vous me le paierez, mon bon Roi.

Dans mon vieux carquois où font brèche
Les coups de vos juges maudits,
Il me reste encore une flèche ;
J'écris dessus : Pour Charles-Dix.
Malgré ce mur qui me désole,
Malgré ces barreaux si serrés,
L'arc est tendu, la flèche vole :
Mon bon Roi, vous me le paierez.

LE 14 JUILLET.

LA FORCE, 1829.

AIR : A soixante ans il ne faut pas remettre, etc.

Pour un captif, souvenir plein de charmes!
J'étais bien jeune; on criait: Vengeons-nous!
A la Bastille! aux armes! vite, aux armes!
Marchands, bourgeois, artisans couraient tous. (*bis.*)
Je vois pâlir et mère et femme et fille;
Le canon gronde aux rappels du tambour. (*bis.*)
Victoire au peuple! il a pris la Bastille! } (*bis.*)
Un beau soleil a fêté ce grand jour. }
A fêté ce grand jour. [5] (*bis.*)

Enfants, vieillards, riche ou pauvre on s'embrasse.
Les femmes vont redisant mille exploits.

Héros du siége, un soldat bleu qui passe,
Est applaudi des mains et de la voix.
Le nom du roi frappe alors mon oreille;
De Lafayette on parle avec amour.
La France est libre et ma raison s'éveille.
Un beau soleil a fêté ce grand jour.
A fêté ce grand jour.

Le lendemain un vieillard docte et grave
Guida mes pas sur d'immenses débris.
« Mon fils, dit-il, ici d'un peuple esclave
« Le despotisme étouffait tous les cris.
« Mais des captifs pour y loger la foule,
« Il creusa tant au pied de chaque tour,
« Qu'au premier choc le vieux château s'écroule.
« Un beau soleil a fêté ce grand jour.
« A fêté ce grand jour.

« La Liberté, rebelle antique et sainte,
« Mon fils, s'armant des fers de nos aïeux,
« A son triomphe appelle en cette enceinte,
« L'Égalité qui redescend des cieux.

« De ces deux sœurs la foudre gronde et brille.
« C'est Mirabeau tonnant contre la Cour.
« Sa voix nous crie: Encore une Bastille!
« Un beau soleil a fêté ce grand jour.
« A fêté ce grand jour.

« Où nous semons chaque peuple moissonne.
« Déja vingt rois, au bruit de nos débats,
« Portent, tremblants, la main à leur couronne,
« Et leurs sujets de nous parlent tout bas.
« Des droits de l'homme, ici, l'ère féconde
« S'ouvre et du globe accomplira le tour.
« Sur ces débris, Dieu crée un nouveau monde.
« Un beau soleil a fêté ce grand jour.
« A fêté ce grand jour. »

De ces leçons qu'un vieillard m'a données,
Le souvenir dans mon cœur sommeillait.
Mais je revois, après quarante années,
Sous les verrous, le quatorze juillet.
O Liberté, ma voix qu'on veut proscrire,
Redit ta gloire aux murs de ce séjour.

A mes barreaux l'aurore vient sourire;
Un beau soleil fête encor ce grand jour.
Fête encor ce grand jour.

PASSEZ, JEUNES FILLES.

Air :

Dieu! quel essaim de jeunes filles
Passe et repasse sous mes yeux!
Au printemps toutes sont gentilles;
Toutes; mais quoi! me voilà vieux.
Cent fois redisons-leur mon âge:
Les cœurs jeunes sont insensés.
Endossons le manteau du sage.
Passez, jeunes filles, passez.

Voilà Zoé qui me regarde.
Zoé, votre mère, entre nous,
Dirait de combien je retarde
Quand vient l'heure du rendez-vous.
Pour un amant elle est sévère;
S'il n'aime trop, il n'aime assez.

2

Suivez les conseils d'une mère.
Passez, jeunes filles, passez.

Votre grand'mère, aimable Laure,
Des amours m'a transmis la loi.
Elle veut l'enseigner encore,
Bien qu'elle ait dix ans plus que moi.
Au salon ou sur la pelouse,
Laure, jamais ne m'agacez :
Grand'maman est un peu jalouse.
Passez, jeunes filles, passez.

Rose, vous daignez me sourire.
Éprouvez-vous quelque accident?
Chez vous, la nuit, ai-je ouï dire,
On surprit un noble imprudent.
Mais la nuit fait place à l'aurore ;
Aux maris gaîment vous chassez.
Pour vous je suis trop jeune encore.
Passez, jeunes filles, passez.

Passez vite, folles et belles ;

Un doux feu cause votre émoi.
Craignez que quelques étincelles
N'arrivent de vous jusqu'à moi.
Sous les murs d'une poudrière
Par le temps presque renversés,
La main devant votre lumière,
Passez, jeunes filles, passez.

LE CARDINAL ET LE CHANSONNIER.

LA FORCE, 1829.

AIR : Je vais bientôt quitter l'empire.

Quel beau mandement vous nous faites !
Prélat, il me comble d'honneur !
Vous lisez donc mes chansonnettes ?
Ah ! je vous y prends, Monseigneur. (*bis.*)
Entre deux vins, souvent ma muse
Perdit son bandeau virginal.
Petit péché, si son ivresse amuse.
Qu'en dites-vous, monsieur le Cardinal ?

Çà, que vous semble de Lisette
Qui dicta mes chants les plus doux ?
Vous vous signez sous la barrette !
Lise a vieilli ; rassurez-vous.

Des jésuites elle raffole ; [8]
Et priant Dieu tant bien que mal,
Pour leurs enfants Lise tient une école.
Qu'en dites-vous, monsieur le Cardinal ?

A chaque vers patriotique, [9]
Je vous vois me faire un procès.
Tout prélat se croit hérétique
Qui chez nous a le cœur francais.
Sans y moissonner, moi, pauvre homme,
J'aime avant tout le sol natal.
J'y tiens autant que vous tenez à Rome.
Q'en dites-vous, monsieur le Cardinal ?

Puisque vous fredonnez mes rimes,
Vous grand lévite ultramontain,
N'y trouvez-vous pas des maximes
Dignes du bon Samaritain ? [10]
D'huile et de baume les mains pleines,
Il eût rougi d'aigrir le mal.
Ah ! d'un captif il n'eût vu que les chaînes.
Qu'en dites-vous, monsieur le Cardinal ?

Enfin, avouez qu'en mon livre,
Dieu brille à travers ma gaîté.
Je crois qu'il nous regarde vivre ;
Qu'il a béni ma pauvreté.
Sous les verrous, sa voix m'inspire
Un appel à son tribunal.
Des grands du monde elle m'enseigne à rire.
Qu'en dites-vous, monsieur le Cardinal ?

Au fond vous avez l'ame bonne.
Pardonnez à l'homme de bien,
Monseigneur, pour qu'il vous pardonne
Votre mandement peu chrétien.
Mais au Conclave on met la nappe, [1]
Partez pour Rome à ce signal.
Le Saint-Esprit fasse de vous un pape !
Qu'en dites-vous, monsieur le Cardinal ?

COUPLET.

Air : C'est le meilleur homme du monde.

J'ai suivi plus d'enterrements
Que de noces et de baptêmes.
J'ai distrait bien des cœurs aimants
Des maux qu'ils aggravaient eux-mêmes.
Mon Dieu, vous m'avez bien doté ;
Je n'ai ni force ni sagesse ;
Mais je possède une gaîté
Qui n'offense point la tristesse.

MON TOMBEAU.

Air d'Aristippe.

Moi, bien portant, quoi! vous pensez d'avance
A m'ériger une tombe à grands frais!
Sottise! amis; point de folle dépense.
Laissez aux grands le faste des regrets.
Avec le prix ou du marbre ou du cuivre,
Pour un gueux mort habit cent fois trop beau,
Faites achat d'un vin qui pousse à vivre.
Buvons gaîment l'argent de mon tombeau.

A votre bourse un galant mausolée
Pourrait coûter vingt mille francs et plus.
Sous le ciel pur d'une riche vallée,
Allons six mois vivre en joyeux reclus.
Concerts et bals où la beauté convie,
Vont de plaisirs nous meubler un château.

Je veux risquer de trop aimer la vie.
Mangeons gaîment l'argent de mon tombeau.

Mais je vieillis, et ma maîtresse est jeune.
Or il lui faut des parures de prix.
L'éclat du luxe adoucit un long jeûne;
Témoin Longchamps où brille tout Paris.
Vous devez bien quelque chose à ma belle.
D'un cachemire elle attend le cadeau.
En viager sur un cœur si fidèle,
Plaçons gaîment l'argent de mon tombeau.

Non, mes amis, au spectacle des ombres
Je ne veux point d'une loge d'honneur.
Voyez ce pauvre, au teint pâle, aux yeux sombres;
Près de mourir, ah! qu'il goûte au bonheur.
A ce vieillard qui, las de sa besace,
Doit avant moi voir lever le rideau,
Pour qu'au parterre il me garde une place,
Donnons gaîment l'argent de mon tombeau.

Qu'importe à moi, que mon nom sur la pierre

Soit déchiffré par un futur savant ?
Et quant aux fleurs qu'on promet à ma bière,
Mieux vaut, je crois, les respirer vivant.
Postérité, qui peux bien ne pas naître,
A me chercher n'use point ton flambeau.
Sage mortel, j'ai su par la fenêtre
Jeter gaîment l'argent de mon tombeau.

LES DIX MILLE FRANCS.

LA FORCE, 1829.

AIR : T'en souviens-tu,
ou vaudeville de Taconnet.

Dix mille francs, dix mille francs d'amende! [12]
Dieu! quel loyer pour neuf mois de prison!
Le pain est cher et la misère est grande,
Et pour long-temps je dîne à la maison.
Cher président, n'en peut-on rien rabattre?
« Non! non! jeûnez et vous et vos parents.
« Pour fait d'outrage aux enfants d'Henri quatre, [13]
« De par le Roi, payez dix mille francs. »

Je paierai donc; mais, las! que va-t-on faire
De cet argent que si bien j'emploierais?

D'un substitut sera-t-il le salaire?
D'un conseiller paiera-t-il les arrêts?
Déja s'avance une main longue et sale:
C'est la police et ses comptes courants.
Quand sur ma muse on venge la morale, [14]
Pour les mouchards comptons deux mille francs.

Moi-même ainsi partageant ma dépouille,
Sur mon budget portons les affamés.
Au pied du trône une harpe se rouille:
Bardes du sacre, êtes-vous enrhumés? [15]
Chantez, messieurs, faites pondre la poule;
Envahissez croix, titres, biens et rangs.
Dût-on encor briser la sainte ampoule;
Pour les flatteurs comptons deux mille francs.

Que de géants là bas je vois paraître! [16]
Vieux ou nouveaux, tous nobles à cordons.
Fiers de servir, ils font au gré du maître
Signes de croix, saluts ou rigodons.
A tout gâteau leur main fait large entaille:
Car ils sont grands, même infiniment grands.

Ils nous feront une France à leur taille.
Pour ces laquais comptons trois mille francs.

Je vois briller chapes, mitres et crosses,
Chapeaux pourprés, vases d'argent et d'or ;
Couvents, hôtels, valets, blasons, carrosses.
Ah! saint Ignace a pillé le trésor.
De mes refrains l'un des siens qui le venge,
Promet mon ame aux gouffres dévorants. [17]
Déja le diable a plumé mon bon ange. [18]
Pour le clergé comptons trois mille francs

Vérifions : la somme en vaut la peine.
Deux et deux quatre ; et trois, sept ; et trois, dix.
C'est bien leur compte. Ah! du moins La Fontaine, [19]
Sans rien payer fut exilé jadis.
Le fier Louis eût biffé la sentence
Qui m'appauvrit pour quelques vers trop francs.
Monsieur Loyal, délivrez-moi quittance. [20]
Vive le Roi! voilà dix mille francs. [21]

LE JUIF ERRANT.

Air du chasseur rouge d'Amédée de Bauplan.

Chrétien, au voyageur souffrant
Tends un verre d'eau sur ta porte.
Je suis, je suis le Juif errant,
Qu'un tourbillon toujours emporte. (*bis.*)
Sans vieillir accablé de jours,
La fin du monde est mon seul rêve.
Chaque soir j'espère toujours;
Mais toujours le soleil se lève.
Toujours, toujours, (*bis.*) } (*bis.*)
Tourne la terre où moi je cours, }
Toujours, toujours, toujours, toujours.

Depuis dix-huit siècles, hélas!

Sur la cendre grecque et romaine,
Sur les débris de mille états,
L'affreux tourbillon me promène. (*bis.*)
J'ai vu sans fruit germer le bien,
Vu des calamités fécondes ;
Et pour survivre au monde ancien,
Des flots j'ai vu sortir deux mondes.
Toujours, toujours,
Tourne la terre où moi je cours,
Toujours, toujours, toujours, toujours.

Dieu m'a changé pour me punir :
A tout ce qui meurt je m'attache.
Mais du toit prêt à me bénir
Le tourbillon soudain m'arrache. (*bis.*)
Plus d'un pauvre vient implorer
Le denier que je puis répandre,
Qui n'a pas le temps de serrer
La main qu'en passant j'aime à tendre.
Toujours, toujours,
Tourne la terre où moi je cours,
Toujours, toujours, toujours, toujours.

Seul, au pied d'arbustes en fleurs,
Sur le gazon, au bord de l'onde,
Si je repose mes douleurs,
J'entends le tourbillon qui gronde. (*bis.*)
Eh! qu'importe au ciel irrité
Cet instant passé sous l'ombrage?
Faut-il moins que l'éternité
Pour délasser d'un tel voyage?
Toujours, toujours,
Tourne la terre où moi je cours,
Toujours, toujours, toujours, toujours.

Que des enfants vifs et joyeux
Des miens me retracent l'image;
Si j'en veux repaître mes yeux,
Le tourbillon souffle avec rage. (*bis.*)
Vieillards, osez-vous à tout prix
M'envier ma longue carrière?
Ces enfants à qui je souris,
Mon pied balaiera leur poussière.
Toujours, toujours,

Tourne la terre où moi je cours,
Toujours, toujours, toujours, toujours.

Des murs où je suis né jadis,
Retrouvé-je encor quelque trace;
Pour m'arrêter je me roidis.
Mais le tourbillon me dit: « Passe! (*bis.*)
« Passe! » et la voix me crie aussi :
« Reste debout quand tout succombe.
« Tes aïeux ne t'ont point ici
« Gardé de place dans leur tombe. »
Toujours, toujours,
Tourne la terre où moi je cours,
Toujours, toujours, toujours, toujours.

J'outrageai d'un rire inhumain
L'homme-dieu respirant à peine.....
Mais sous mes pieds fuit le chemin.
Adieu, le tourbillon m'entraîne. (*bis.*)
Vous qui manquez de charité,
Tremblez à mon supplice étrange.

Ce n'est point sa divinité,
C'est l'humanité que Dieu venge.
        Toujours, toujours,
Tourne la terre où moi je cours,
Toujours, toujours, toujours, toujours.

COUPLET.

Air : Trouverez-vous un parlement?

Notre siècle, penseur brutal,
Contre Delille s'évertue.
Tel vécut sur un piédestal
Qui n'aura jamais de statue.
Artiste, poëte, savant,
A la gloire en vain on s'attache;
C'est un linceul que trop souvent
La postérité nous arrache.

LA FILLE DU PEUPLE.

AIR d'Aristippe.

Fille du peuple, au chantre populaire
De ton printemps tu prodigues les fleurs.
Dès ton berceau tu lui dois ce salaire :
Ses premiers chants calmaient tes premiers pleurs.
Va, ne crains pas que baronne ou marquise
Veuille à me plaire user ses beaux atours.
Ma muse et moi nous portons pour devise :
Je suis du peuple ainsi que mes amours.

Quand, jeune encor, j'errais sans renommée,
D'anciens châteaux s'offraient-ils à mes yeux ;
Point n'invoquais, à la porte fermée,
Pour m'introduire, un nain mystérieux.
Je me disais : Tendresse et poésie
Ont fui ces murs, chers aux vieux troubadours.

Fondons ailleurs mon droit de bourgeoisie ;
Je suis du peuple ainsi que mes amours.

Fi des salons où l'ennui qui se berce
Bâille entouré d'un luxe éblouissant !
Feu d'artifice éteint par une averse,
Quand vient la joie, elle y meurt en naissant.
En souliers fins, chapeau frais, robe blanche,
Tu veux aux champs courir tous les huit jours :
Viens ; tu me rends les plaisirs du dimanche.
Je suis du peuple ainsi que mes amours.

Quelle beauté, simple dame ou princesse,
A plus que toi de décence et d'attraits ?
Possède un cœur plus riche de jeunesse,
Des yeux plus doux et de plus nobles traits ?
Le peuple enfin s'est fait une mémoire :
J'ai pour ses droits lutté contre deux Cours ;
Il te devait au chantre de sa gloire.
Je suis du peuple ainsi que mes amours.

LE CORDON, S'IL VOUS PLAIT!

CHANSON FAITE A LA FORCE, POUR LA FÊTE DE MARIE.

AIR du vaudeville des Scythes et des Amazones.

Allons aux champs fêter Marie ;
Hâtons-nous, le plaisir m'attend.
Le pied poudreux, la main fleurie,
Là bas arrivons en chantant. (*bis.*)
Gai voyageur, j'ai mes pipeaux à prendre,
Pipeaux qu'un sourd a traités de sifflet.
Portier, ce soir, gardez-vous de m'attendre. } (*bis.*)
Je veux sortir ; le cordon, s'il vous plaît. }
Le cordon, le cordon, s'il vous plaît. (*bis.*)

Vite, portier ; car on m'accuse
D'oublier l'heure du repas.

Jouy déja gronde ma muse
Dont il soutint les premiers pas. [22]
D'amis nombreux quelle troupe riante,
Et de beautés quel brillant chapelet!
Dans sa prison l'Aï s'impatiente.
Je veux sortir; le cordon, s'il vous plaît.
Le cordon, le cordon, s'il vous plaît.

Beaux jours d'une fête si chère,
A revenir toujours trop lents!
Pour nous, l'un de l'autre diffère
Au plus par quelques cheveux blancs.
Puisse Marie, à ses goûts si fidèle,
Voir ses élus toujours au grand complet!
Volons chanter la liberté près d'elle.
Je veux sortir; le cordon, s'il vous plaît.
Le cordon, le cordon, s'il vous plaît.

Mon vieux portier dort dans sa loge:
Mes petits vers vont refroidir.
D'un digne époux j'y fais l'éloge;
Forçons Marie à m'applaudir.

Puis, montrons-la courant plaindre des peines,
Rendre au malheur l'espoir qui s'envolait,
Et consoler un ami dans les chaînes.
Je veux sortir; le cordon, s'il vous plaît.
Le cordon, le cordon, s'il vous plaît.

Mais mon portier, las de se taire,
Répond qu'on ne sort pas ainsi;
Que j'écrive au propriétaire;
Que je dois trois termes ici. [23]
Fêtez Marie, ô vous à qui l'on ouvre;
Sans moi, pour elle, enfantez maint couplet.
Je rougirais d'envoyer dire au Louvre:
Je veux sortir; le cordon, s'il vous plaît.
Le cordon, le cordon, s'il vous plaît.

DENYS, MAITRE D'ÉCOLE. [24]

LA FORCE, 1829.

Air : Il faut bientôt quitter l'empire.

Denys, chassé de Syracuse,
A Corinthe se fait pédant.
Ce roi que tout un peuple accuse,
Pauvre et déchu, se console en grondant. (*bis.*)
Maître d'école au moins il prime;
Son bon plaisir fait et défait des lois. (*bis.*)
Il règne encor, car il opprime.
Jamais l'exil n'a corrigé les rois. (*bis.*)

Sur le dîner de chaque élève,
Le tyran des Syracusains,
Comme impôt, chaque jour prélève
Trois quarts des noix, du miel et des raisins.

Çà, dit-il, qu'on le reconnaisse:
J'ai droit sur tout; je l'ai prouvé cent fois.
Baisez la main: je vous en laisse.
Jamais l'exil n'a corrigé les rois.

Un sournois, dernier de sa classe,
Au bas d'un thème mal tourné,
Met ces mots: Grand roi, qu'un dieu fasse
Périr tous ceux qui vous ont détrôné!
Vite un prix au sot qui l'adule!
Mon fils, dit-il, tout sceptre est un grand poids.
Sois mon second; prends la férule.
Jamais l'exil n'a corrigé les rois.

Un autre en secret vient lui dire:
Seigneur, un écolier transcrit,
Là bas, je crois, quelque satire.
C'est contre vous; car voyez comme il rit.
Ce maître d'humeur répressive,
De l'accusé courant tordre les doigts,
Dit: Je ne veux plus qu'on écrive.
Jamais l'exil n'a corrigé les rois.

Rêvant un jour que l'on conspire;
Rêvant qu'il court de grands dangers,
Ce fou tremblant pour son empire,
Voit ses marmots narguer deux étrangers.
Chers étrangers, dans ce repaire
Entrez, dit-il, sur eux vengez mes droits.
Frappez; pour eux je suis un père.
Jamais l'exil n'a corrigé les rois.

Enfin, pères, mères, grand'mères
De maint enfant trop bien fessé,
L'accablant de plaintes amères,
L'ancien tyran, de Corinthe est chassé.
Mais pour agir encore en maître;
Maudire encor sa patrie et ses lois,
De pédant, Denys se fait prêtre.
Jamais l'exil n'a corrigé les rois.

LAIDEUR ET BEAUTÉ.

AIR : C'est à mon maître en l'art de plaire.

Sa trop grande beauté m'obsède;
C'est un masque aisément trompeur.
Oui, je voudrais qu'elle fût laide,
Mais laide, laide à faire peur.
Belle ainsi faut-il que je l'aime!
Dieu, reprends ce don éclatant,
Je le demande à l'enfer même:
Qu'elle soit laide et que je l'aime autant.

A ces mots m'apparaît le diable:
C'est le père de la laideur.
« Rendons-la, dit-il, effroyable.
« De tes rivaux trompons l'ardeur.

« J'aime assez ces métamorphoses.
« Ta belle ici vient en chantant :
« Perles, tombez; fanez-vous, roses.
« La voilà laide et tu l'aimes autant. »

Laide! moi! dit-elle, étonnée.
Elle s'approche d'un miroir,
Doute d'abord, puis consternée,
Tombe en un morne désespoir.
« Pour moi seul tu jurais de vivre,
« Lui dis-je, à ses pieds me jetant:
« A mon seul amour il te livre.
« Plus laide encor, je t'aimerais autant. »

Ses yeux éteints fondent en larmes,
Alors sa douleur m'attendrit.
Ah! rendez, rendez-lui ses charmes.
Soit! répond Satan qui sourit.
Ainsi que naît la fraîche aurore,
Sa beauté renaît à l'instant.
Elle est, je crois, plus belle encore.
Elle est plus belle et moi je l'aime autant.

Vite, au miroir elle s'assure
Qu'on lui rend bien tous ses appas.
Des pleurs restent sur sa figure,
Qu'elle essuie, en grondant tout bas.
Satan s'envole, et la cruelle
Fuit et s'écrie en me quittant:
Jamais fille que Dieu fit belle
Ne doit aimer qui peut l'aimer autant.

LE VIEUX CAPORAL.

1829.

Air du Vilain, *ou* de Ninon chez madame de Sévigné.

En avant! partez camarades,
L'arme au bras, le fusil chargé.
J'ai ma pipe et vos embrassades;
Venez me donner mon congé.
J'eus tort de vieillir au service.
Mais pour vous tous, jeunes soldats,
J'étais un père à l'exercice. (*bis.*)
Conscrits, au pas.
Ne pleurez pas.
Ne pleurez pas.
Marchez au pas.
Au pas, au pas, au pas, au pas!

Un morveux d'officier m'outrage;
Je lui fends!... il vient d'en guérir.
On me condamne, c'est l'usage:
Le vieux caporal doit mourir.
Poussé d'humeur et de rogomme,
Rien n'a pu retenir mon bras.
Puis, moi, j'ai servi le grand homme.
Conscrits, au pas.
Ne pleurez pas.
Ne pleurez pas.
Marchez au pas.
Au pas, au pas, au pas, au pas!

Conscrits, vous ne troquerez guères
Bras ou jambe contre une croix.
J'ai gagné la mienne à ces guerres
Où nous bousculions tous les rois.
Chacun de vous payait à boire
Quand je racontais nos combats.
Ce que c'est pourtant que la gloire!
Conscrits, au pas.

Ne pleurez pas.
Ne pleurez pas.
Marchez au pas.
Au pas, au pas, au pas, au pas!

Robert, enfant de mon village,
Retourne garder tes moutons.
Tiens, de ces jardins vois l'ombrage:
Avril fleurit mieux nos cantons.
Dans nos bois, souvent dès l'aurore
J'ai déniché de frais appas.
Bon dieu! ma mère existe encore!
Conscrits, au pas.
Ne pleurez pas.
Ne pleurez pas,
Marchez au pas.
Au pas, au pas, au pas, au pas!

Qui là bas sanglote et regarde?
Eh! c'est la veuve du tambour.
En Russie, à l'arrière-garde,
J'ai porté son fils nuit et jour.

Comme le père, enfant et femme,
Sans moi restaient sous les frimas.
Elle va prier pour mon ame.
Conscrits, au pas.
Ne pleurez pas.
Ne pleurez pas.
Marchez au pas.
Au pas, au pas, au pas, au pas!

Morbleu! ma pipe s'est éteinte.
Non pas encore... Allons; tant mieux!
Nous allons entrer dans l'enceinte;
Çà, ne me bandez pas les yeux.
Mes amis, fâché de la peine.
Sur-tout ne tirez point trop bas.
Et qu'au pays Dieu vous ramène!
Conscrits, au pas.
Ne pleurez pas.
Ne pleurez pas.
Marchez au pas.
Au pas, au pas, au pas, au pas!

COUPLET

AUX JEUNES GENS.

AIR :

Un jour assis sur le rivage,
Bénissant un ciel pur et doux,
Plaignez les marins que l'orage
A fatigués de son courroux.
N'ont-ils pas droit à quelque estime
Ceux qui, las d'un si long effort,
Près de s'engloutir dans l'abyme
Du doigt vous indiquaient le port?

LE BONHEUR.

Air :

Le vois-tu bien, là bas, là bas,
Là bas, là bas? dit l'Espérance.
Bourgeois, manants, rois et prélats
Lui font de loin la révérence. (*bis.*)
C'est le Bonheur, dit l'Espérance.
Courons, courons; doublons le pas,
Pour le trouver là bas, là bas,
Là bas, là bas.

Le vois-tu bien, là bas, là bas,
Là bas, là bas, sous la verdure?
Il croit à d'éternels appas,
Même à l'amour qui toujours dure.

Qu'on est heureux sous la verdure!
Courons, courons; doublons le pas,
Pour le trouver là bas, là bas,
Là bas, là bas.

Le vois-tu bien, là bas, là bas,
Là bas, là bas, à la campagne?
D'enfants et de grains, Dieu! quel tas!
Quels gros baisers à sa compagne!
Qu'on est heureux à la campagne!
Courons, courons; doublons le pas,
Pour le trouver là bas, là bas,
Là bas, là bas.

Le vois-tu bien, là bas, là bas,
Là bas, là bas, dans une banque?
S'il est un plaisir qu'il n'ait pas,
C'est qu'au marché ce plaisir manque.
Qu'on est heureux dans une banque!
Courons, courons; doublons le pas,
Pour le trouver là bas, là bas,
Là bas, là bas.

Le vois-tu bien, là bas, là bas,
Là bas, là bas, dans une armée?
Il mesure au bruit des combats
Tout le bruit de sa renommée.
Qu'on est heureux dans une armée!
Courons, courons; doublons le pas,
Pour le trouver là bas, là bas,
Là bas, là bas.

Le vois-tu bien, là bas, là bas,
Là bas, là bas, sur un navire?
L'arc-en-ciel brille dans ses mâts;
Toutes les mers vont lui sourire.
Qu'on est heureux sur un navire!
Courons, courons; doublons le pas,
Pour le trouver là bas, là bas,
Là bas, là bas.

Le vois-tu bien, là bas, là bas,
Là bas, là bas, c'est en Asie?
Roi, pour sceptre il porte un damas
Dont il use à sa fantaisie.

6

Qu'on est heureux dans cette Asie!
Courons, courons; doublons le pas,
Pour le trouver là bas, là bas,
Là bas, là bas.

Le vois-tu bien, là bas, là bas,
Là bas, là bas, en Amérique?
Sous un arbre il met habit bas
Pour présider sa république.
Qu'on est heureux en Amérique!
Courons, courons; doublons le pas,
Pour le trouver là bas, là bas,
Là bas, là bas.

Le vois-tu bien, là bas, là bas,
Là bas, là bas, dans ces nuages?
Ah! dit l'homme enfin vieux et las,
C'est trop d'inutiles voyages. (*bis.*)
Enfants, courez vers ces nuages.
Courez, courez; doublez le pas,
Pour le trouver là bas, là bas,
Là bas, là bas.

COUPLET.

Air :

Pauvres fous, battons la campagne;
Que nos grelots tintent soudain.
Comme les beaux mulets d'Espagne,
Nous marchons tous drelin dindin.
Des erreurs de l'humaine espèce
Dieu veut que chacun ait son lot.
Même au manteau de la Sagesse
La Folie attache un grelot.

LES CINQ ÉTAGES.

AIR : Dans cette maison à quinze ans.
ou J'étais bon chasseur autrefois.

Dans la soupente du portier
Je naquis au rez-de-chaussée.
Par tous les laquais du quartier,
A quinze ans, je fus pourchassée.
Mais bientôt un jeune seigneur
M'enlève à leur doux caquetage.
Ma vertu me vaut cet honneur ;
Et je monte au premier étage.

Là, dans un riche appartement
Mes mains deviennent des plus blanches ;
Grace à l'or de mon jeune amant,
Là, tous mes jours sont des dimanches ;

Mais par trop d'amour emporté,
Il meurt. Ah! pour moi quel veuvage!
Mes pleurs respectent ma beauté;
Et je monte au deuxième étage.

Là, je trompe un vieux duc et pair
Dont le neveu touche mon ame.
Ils ont d'un feu payé bien cher
L'un la cendre et l'autre la flamme.
Vient un danseur; nouveaux amours!
La noblesse alors déménage.
Mon miroir me sourit toujours;
Et je monte au troisième étage.

Là, je plume un bon gros Anglais,
Qui me croit et veuve et baronne;
Puis deux financiers vieux et laids;
Même un prélat, Dieu me pardonne!
Mais un escroc que je chéris
Me vole en parlant mariage.
Je perds tout; j'ai des cheveux gris,
Et je monte encore un étage.

Au quatrième, autre métier.
Des nièces me sont nécessaires ;
Nous scandalisons le quartier ;
Nous nous moquons des commissaires.
Mangeant mon pain à la vapeur,
Des plaisirs je fais le ménage.
Trop vieille enfin je leur fais peur,
Et je monte au cinquième étage.

Dans la mansarde me voilà,
Me voilà pauvre balayeuse.
Seule et sans feu, je finis là
Ma vie au printemps si joyeuse.
Je conte à mes voisins surpris
Ma fortune à différents âges,
Et j'en trouve encor des débris
En balayant les cinq étages.

En v[illegible]
Enter[illegible]
et fa[illegible]
Me ra[illegible]
Souv[illegible]
Mon[illegible]
Chac[illegible]
Tout[illegible]

Sur c[illegible]
La l[illegible]
Long[illegible]
Dans[illegible]

L'ALCHIMISTE.[25]

AIR de la bonne vieille,
ou d'Aristippe.

Tu vas, dis-tu, vieux et pauvre alchimiste,
Tirer de l'or des métaux indigents,
Et, faisant plus pour moi que l'âge attriste,
Me rajeunir par de secrets agents.
J'ouvre ma bourse à ta science occulte.
Mon cœur crédule au grand œuvre a recours.
Chacun pourtant conservera son culte.
Tout l'or pour toi, mais rends-moi mes beaux jours.

Sur ce brasier souffle donc en silence,
Ou d'un vieux livre interroge les mots.[26]
Ton art est sûr; le Pactole et Jouvence
Dans ce creuset vont marier leurs flots.

L'œil sur ce feu, que tu rêves de choses !
Vois-tu déja le sourire des Cours ?
Moi, pour mon front je n'attends que des roses.
Tout l'or pour toi, mais rends-moi mes beaux jours.

Ivre d'espoir, quel délire t'égare !
« O rois, dis-tu, baisez mes pieds poudreux.
« J'aurai plus d'or que Cortès et Pizarre
« N'en ont conquis pour d'autres que pour eux. »
Naguère encor, toi qui vivais d'aumônes,
Déja l'orgueil rugit dans tes discours.
Achète au poids et sceptres et couronnes.
Tout l'or pour toi, mais rends-moi mes beaux jours.

Oui, rends-moi-les avec leur indigence;
Rends à mon ame un corps plus vigoureux;
A mon esprit ôte l'expérience,
Souffle en mon cœur un sang plus généreux.
Puis t'échappant de ton palais de marbre,
En char pompeux bercé sur le velours,
Vois-moi dormir, heureux au pied d'un arbre.
Tout l'or pour toi, mais rends-moi mes beaux jours.

Je sais pourtant ce que vaut la richesse;
Mais j'aime encor; je possède et, cent fois,
J'ai craint de voir ma trop jeune maîtresse
Compter mes ans et les siens par ses doigts.
C'est du soleil qui sied à sa peau brune;
C'est de l'été qu'il faut à nos amours.
Celle que j'aime est sourde à la fortune.
Tout l'or pour toi, mais rends-moi mes beaux jours.

Mais au creuset ta main que trouve-t-elle?
Rien! te voilà plus pauvre et moi plus vieux.
« Non, non, dis-tu; demain, lune nouvelle;
« Recommençons; demain nous serons dieux. »
Tu mens, vieillard; mais d'erreurs caressantes
J'ai tant besoin, que je te crois toujours.
Sur mon front nu, vois ces rides naissantes.
Tout l'or pour toi, mais rends-moi mes beaux jours.

CHANT FUNÉRAIRE

SUR LA MORT DE MON AMI QUENESCOURT.

Air : Échos des bois, errants dans ces vallons.

Quoi! sourd aux cris d'un long *Miserere*,
Sous ce drap noir, que j'asperge en silence;
Quoi! ce cercueil, de cierges entouré,
C'est mon ami, c'est mon ami d'enfance!
Cessez vos chants, prêtres; c'est à ma voix
De le bénir pour la dernière fois. } (*bis.*)

Descendu là, sans s'appuyer sur vous,
Dans l'autre vie, il entre exempt d'alarmes.
Qu'est-il besoin que votre Dieu jaloux
De son enfer vienne effrayer nos larmes?
Cessez vos chants, prêtres; c'est à ma voix
De le bénir pour la dernière fois.

Son ame, hélas! trop tôt prenant l'essor,
Tel un fruit mûr qu'un jeune enfant dérobe,
Nous est ravie. Un ange aux ailes d'or
L'emporte au ciel dans le pan de sa robe.
Cessez vos chants, prêtres; c'est à ma voix
De le bénir pour la dernière fois.

Modeste et bon, cet homme vertueux,
Privé des biens que l'opulence affiche,
A semblé pauvre au riche fastueux,
Et par ses dons au pauvre a semblé riche.
Cessez vos chants, prêtres; c'est à ma voix
De le bénir pour la dernière fois.

Las, sur les flots, d'aller rasant le bord,
Je saluai sa demeure ignorée.
Entre, et, chez moi, dit-il, comme en un port,
Raccommodons ta voile déchirée.
Cessez vos chants, prêtres; c'est à ma voix
De le bénir pour la dernière fois.

Proclamé roi de ses festins joyeux,

A son foyer je fais sécher ma lyre.
J'y vois pour moi se dérider les cieux
Et mon pays daigne enfin me sourire.
Cessez vos chants, prêtres ; c'est à ma voix
De le bénir pour la dernière fois.

A mes chansons que sa joie applaudit!
Sur mes succès son cœur s'en fait accroire,
Et s'enivrant des fleurs qu'il me prédit,
Prend leur parfum pour un encens de gloire.
Cessez vos chants, prêtres; c'est à ma voix
De le bénir pour la dernière fois.

Au peu d'éclat dont je brille à présent,
Ah! qu'il ait part, et puisse à ma lumière,
Comme au flambeau que porte un ver luisant,
Long-temps son nom se lire sur la pierre! [27]
Cessez vos chants, prêtres; c'est à ma voix
De le bénir pour la dernière fois.

Des hymnes saints cessez le triste accord :
Il est parti, mais pour un meilleur monde.

A mes chansons s'il peut rester encor
Dans ce cercueil un écho qui réponde,
Cessez vos chants, prêtres ; c'est à ma voix
De le bénir pour la dernière fois.

JEANNE LA ROUSSE,

OU LA FEMME DU BRACONNIER.

AIR : Soir et matin sur la fougère.

Un enfant dort à sa mamelle ;
Elle en porte un autre à son dos.
L'aîné qu'elle traîne après elle,
Gèle pieds nus dans ses sabots.
Hélas ! des gardes qu'il courrouce
Au loin, le père est prisonnier.
Dieu, veillez sur Jeanne la Rousse ;
On a surpris le braconnier.

Je l'ai vue heureuse et parée ;
Elle cousait, chantait, lisait.
Du magister fille adorée,
Par son bon cœur elle plaisait.

J'ai pressé sa main blanche et douce,
En dansant sous le marronnier.
Dieu, veillez sur Jeanne la Rousse;
On a surpris le braconnier

Un fermier riche et de son âge,
Qu'elle espérait voir son époux,
La quitta, parcequ'au village
On riait de ses cheveux roux.
Puis deux, puis trois; chacun repousse
Jeanne qui n'a pas un denier.
Dieu, veillez sur Jeanne la Rousse;
On a surpris le braconnier.

Mais un vaurien dit: « Rousse ou blonde,
« Moi, pour femme, je te choisis.
« En vain les gardes font la ronde:
« J'ai bon repaire et trois fusils.
« Faut-il bénir mon lit de mousse;
« Du château payons l'aumônier. »
Dieu, veillez sur Jeanne la Rousse;
On a surpris le braconnier.

Doux besoin d'être épouse et mère
Fit céder Jeanne qui, trois fois,
Depuis, dans une joie amère,
Accoucha seule au fond des bois.
Pauvres enfants ! chacun d'eux pousse
Frais comme un bouton printanier.
Dieu, veillez sur Jeanne la Rousse ;
On a surpris le braconnier.

Quel miracle un bon cœur opère !
Jeanne, fidèle à ses devoirs,
Sourit encor ; car, de leur père,
Ses fils auront les cheveux noirs.
Elle sourit ; car sa voix douce
Rend l'espoir à son prisonnier.
Dieu, veillez sur Jeanne la Rousse ;
On a surpris le braconnier.

LES RELIQUES.

AIR : Donnez-vous la peine d'attendre.

D'un saint de paroisse en crédit,
Seul un soir, je baisais la châsse.
Vient un bon vieillard qui me dit :
Veux-tu qu'il parle? oh! oui, de grace.
Oui, dis-je ; et me voilà béant ;
Voilà qu'il fait des croix magiques ;
Voilà le saint sur son séant,
Qui dit, d'un ton de mécréant :
« Dévots, baisez donc mes reliques.
« Baisez, baisez donc mes reliques.

Il rit, ce squelette incivil,
Il rit à s'en tenir les côtes.
« Depuis huit siècles, poursuit-il,
« Je grille en enfer pour mes fautes :

« Mais un prêtre au nez bourgeonné,
« Pour mieux dîmer sur ses pratiques,
« Par un tour bien imaginé,
« Fit un saint des os d'un damné.
« Dévots, baisez donc mes reliques.
« Baisez, baisez donc mes reliques.

« De mon temps, je fus bateleur,
« Ribaud, filou, témoin à gage.
« Puis en grand m'étant fait voleur,
« J'eus d'un baron mœurs et langage.
« De leurs châsses, dans mes larcins,
« J'ai dépouillé des basiliques.
« Au feu, j'ai jeté de bons saints.
« Du ciel admirez les desseins.
« Dévots, baisez donc mes reliques.
« Baisez, baisez donc mes reliques.

« Baisez, sous ce dais de velours,
« La sainte qu'on priera dimanche.
« C'est une Juive, mes amours,
« Dont l'œil fut noir et la peau blanche.

« Grace à ses charmes réprouvés,
« Dix prélats sont morts hérétiques ;
« Vingt moines sont morts énervés.
« Trouvez mieux si vous le pouvez.
« Dévots, baisez donc ses reliques.
« Baisez, baisez donc ses reliques.

« Près d'elle est un vieux crâne étroit ;
« Baisez ce saint d'une autre espèce.
« Jadis de larron maladroit,
« Il devint bourreau plein d'adresse.
« Nos rois, pour se bien divertir,
« L'occupaient aux fêtes publiques.
« Hélas ! je lui dois, sans mentir,
« L'honneur de passer pour martyr.
« Dévots, baisez donc ses reliques.
« Baisez, baisez donc ses reliques.

« Sous les noms de pieux patrons,
« Ainsi nos corps, mis en spectacle,
« Font pleuvoir l'argent dans les trones ;
« C'est là notre plus grand miracle.

« Mais du diable j'entends le cor.
« Bonsoir, messieurs les catholiques. »
Il se recouche, et vole encor
Sur l'autel un crucifix d'or.
Dévots, baisez donc des reliques!
Baisez, baisez donc des reliques!

LA NOSTALGIE,

OU LA MALADIE DU PAYS.

AIR de la République.

Vous m'avez dit : « A Paris, jeune pâtre,
« Viens, suis-nous, cède à tes nobles penchants.
« Notre or, nos soins, l'étude, le théâtre,
« T'auront bientôt fait oublier les champs. »
Je suis venu ; mais voyez mon visage.
Sous tant de feux mon printemps s'est fané.
Ah ! rendez-moi, rendez-moi mon village,
Et la montagne où je suis né !

La fièvre court triste et froide en mes veines ;
A vos desirs cependant j'obéis.
Ces bals charmants où les femmes sont reines,
J'y meurs, hélas ! j'ai le mal du pays.

8

En vain l'étude a poli mon langage ;
Vos arts en vain ont ébloui mes yeux.
Ah ! rendez-moi, rendez-moi mon village,
Et ses dimanches si joyeux !

Avec raison vous méprisez nos veilles,
Nos vieux récits et nos chants si grossiers.
De la féerie égalant les merveilles,
Votre Opéra confondrait nos sorciers.
Au Saint des saints le ciel rendant hommage,
De vos concerts doit emprunter les sons.
Ah ! rendez-moi, rendez-moi mon village,
Et sa veillée et ses chansons !

Nos toits obscurs, notre église qui croule,
M'ont à moi-même inspiré des dédains.
Des monuments j'admire ici la foule ;
Sur-tout ce Louvre et ses pompeux jardins.
Palais magique, on dirait un mirage
Que le soleil colore à son coucher.
Ah ! rendez-moi, rendez-moi mon village,
Et ses chaumes et son clocher !

Convertissez le sauvage idolâtre ;
Près de mourir, il retourne à ses dieux.
Là bas, mon chien m'attend auprès de l'âtre ;
Ma mère en pleurs repense à nos adieux.
J'ai vu cent fois l'avalanche et l'orage,
L'ours et les loups fondre sur mes brebis.
Ah ! rendez-moi, rendez-moi mon village,
Et la houlette et le pain bis !

Qu'entends-je, ô ciel ! pour moi rempli d'alarmes :
« Pars, dites-vous, demain pars au réveil.
« C'est l'air natal qui sèchera tes larmes ;
« Va refleurir à ton premier soleil.
Adieu, Paris, doux et brillant rivage,
Où l'étranger reste comme enchaîné.
Ah ! je revois, je revois mon village,
Et la montagne où je suis né.

MA NOURRICE.

CHANSON HISTORIQUE.

AIR : Dodo, l'enfant do, etc.

De souvenir en souvenir,
J'ai reconstruit mon édifice.
Je vais conter, pour en finir,
Ce qu'on m'a dit de ma nourrice.
Au soir des ans doit sembler doux
Ce chant qui nous a bercés tous :
Dodo, l'enfant do,
L'enfant dormira tantôt.

Au mois d'oût, voilà bien long-temps !
Six francs et ma layette en poche,
Belle nourrice de vingt ans,
D'Auxerre avec moi prit le coche.

Sois bien ou mal, sanglote ou ris,
Adieu, pauvre enfant de Paris.
Dodo, l'enfant do,
L'enfant dormira tantôt.

En Bourgogne je débarquai;
Pour la chanson climat propice.
Nous trouvons, buvant sur le quai,
Le vieux mari de ma nourrice.
Verre en main, Jean le vigneron
Chantait les gaîtés de Piron.
Dodo, l'enfant do,
L'enfant dormira tantôt.

Sous son chaume, au bruit du pressoir,
Bientôt j'assiste à la vendange.
Plus ivre et plus vieux chaque soir,
Jean va coucher seul dans la grange.
Sa femme, en s'en moquant tout bas,
Me dit: Petiot, ne vieillis pas.
Dodo, l'enfant do,
L'enfant dormira tantôt.

Un moine, en voisin, vint chez nous :
Il entre sans que le chien jappe ;
Le mari sort, et l'homme roux
De ma table fripe la nappe.
Hélas! l'odeur du Récollet
Fait pour neuf mois tourner mon lait.
Dodo, l'enfant do,
L'enfant dormira tantôt.

Au vieux moutier, huit jours plus tard,
Jean, bien payé, soignait la vigne.
Moi, gai comme un dieu sans nectar,
Au vin du cru je me résigne.
Ma nourrice en m'en abreuvant,
Soupire et dit : Chien de couvent!
Dodo, l'enfant do,
L'enfant dormira tantôt.

Sur cette histoire, en bon devin,
Mon parrain, dès qu'il l'eut apprise,
Me prédit le dégoût du vin ;
Le goût de tous les gens d'église.

Pour *requiem* je prédis, moi,
Qu'ils chanteront à mon convoi :
Dodo, l'enfant do,
L'enfant dormira tantôt.

LES CONTREBANDIERS.

CHANSON ADRESSÉE A M. JOSEPH BERNARD, DÉPUTÉ DU VAR, AUTEUR DU BON SENS D'UN HOMME DE RIEN.[28]

AIR : Cette chaumière-là vaut un palais.

Malheur ! malheur aux commis !
A nous, bonheur et richesse !
Le peuple à nous s'intéresse :
Il est de nos amis.
Oui, le peuple est par-tout de nos amis.
Oui, le peuple est par-tout, par-tout de nos amis.

Il est minuit. Çà, qu'on me suive,
Hommes, pacotille et mulets.
Marchons, attentifs au qui vive.
Armons fusils et pistolets.

Les douaniers sont en nombre;
Mais le plomb n'est pas cher;
Et l'on sait que dans l'ombre
Nos balles verront clair.
Malheur! malheur aux commis!
A nous, bonheur et richesse!
Le peuple à nous s'intéresse:
Il est de nos amis.
Oui, le peuple est par-tout de nos amis.
Oui, le peuple est par-tout, par-tout de nos amis.

Camarades, la noble vie!
Que de hauts faits à publier!
Combien notre belle est ravie
Quand l'or pleut dans son tablier!
Château, maison, cabane,
Nous sont ouverts par-tout.
Si la loi nous condamne,
Le peuple nous absout.
Malheur! malheur aux commis!
A nous, bonheur et richesse!
Le peuple à nous s'intéresse:

Il est de nos amis.
Oui, le peuple est par-tout de nos amis.
Oui, le peuple est par-tout, par-tout de nos amis.

Bravant neige, froid, pluie, orage,
Au bruit des torrents nous dormons.
Ah ! qu'on aspire de courage,
Dans l'air pur du sommet des monts !
Cimes à nous connues,
Cent fois vous nous voyez
La tête dans les nues
Et la mort sous nos pieds.
Malheur ! malheur aux commis !
A nous, bonheur et richesse !
Le peuple à nous s'intéresse :
Il est de nos amis.
Oui, le peuple est par-tout de nos amis.
Oui, le peuple est partout, par-tout de nos amis.

Aux échanges l'homme s'exerce ;
Mais l'impôt barre les chemins.
Passons : c'est nous qui du commerce

Tiendrons la balance en nos mains.
Par-tout la Providence
Veut, en nous protégeant,
Niveler l'abondance,
Éparpiller l'argent.
Malheur! malheur aux commis!
A nous, bonheur et richesse!
Le peuple à nous s'intéresse:
Il est de nos amis.
Oui, le peuple est par-tout de nos amis.
Oui, le peuple est par-tout, par-tout de nos amis.

Nos gouvernants pris de vertige,
Des biens du ciel triplant le taux,
Font mourir le fruit sur sa tige,
Du travail brisent les marteaux.
Pour qu'au loin il abreuve
Le sol et l'habitant,
Le bon Dieu crée un fleuve;
Ils en font un étang.
Malheur! malheur aux commis!
A nous, bonheur et richesse!

Le peuple à nous s'intéresse :
Il est de nos amis.
Oui, le peuple est par-tout de nos amis.
Oui, le peuple est par-tout, par-tout de nos amis.

Quoi ! l'on veut qu'uni de langage,
Aux mêmes lois long-temps soumis,
Tout peuple qu'un traité partage
Forme deux peuples d'ennemis.
Non ; grace à notre peine,
Ils ne vont pas en vain
Filer la même laine,
Sourire au même vin.
Malheur ! malheur aux commis !
A nous, bonheur et richesse !
Le peuple à nous s'intéresse :
Il est de nos amis.
Oui, le peuple est par-tout de nos amis.
Oui, le peuple est par-tout, par-tout de nos amis.

A la frontière où l'oiseau vole,
Rien ne lui dit : Suis d'autres lois.

L'été vient tarir la rigole
Qui sert de limite à deux rois.
Prix du sang qu'ils répandent,
Là, leurs droits sont perçus.
Ces bornes qu'ils défendent,
Nous sautons par-dessus.
Malheur! malheur aux commis
A nous, bonheur et richesse!
Le peuple à nous s'intéresse:
Il est de nos amis.
Oui, le peuple est par-tout de nos amis.
Oui, le peuple est par-tout, par-tout de nos amis.

On nous chante dans nos campagnes,
Nous, dont le fusil redouté
En frappant l'écho des montagnes,
Peut réveiller la liberté.
Quand tombe la patrie
Sous des voisins altiers,
Mourante elle s'écrie:
A moi, contrebandiers!
Malheur! malheur aux commis!

A nous, bonheur et richesse!
Le peuple à nous s'intéresse:
Il est de nos amis.
Oui, le peuple est par-tout de nos amis.
Oui, le peuple est par-tout, par-tout de nos amis.

A MES AMIS, DEVENUS MINISTRES.

Air :

Non, mes amis, non, je ne veux rien être.
Semez ailleurs, places, titres et croix.
Non, pour les Cours Dieu ne m'a pas fait naître :
Oiseau craintif je fuis la glu des rois.
Que me faut-il? maîtresse à fine taille,
Petit repas et joyeux entretien.
De mon berceau près de bénir la paille,
En me créant Dieu m'a dit : Ne sois rien.

Un sort brillant serait chose importune
Pour moi, rimeur, qui vis de temps perdu.
M'est-il tombé des miettes de fortune,
Tout bas je dis : Ce pain ne m'est pas dû.

Quel artisan, pauvre, hélas! quoi qu'il fasse,
N'a plus que moi droit à ce peu de bien?
Sans trop rougir fouillons dans ma besace.
En me créant Dieu m'a dit : Ne sois rien.

Au ciel, un jour, une extase profonde
Vient me ravir, et je regarde en bas.
De là, mon œil confond dans notre monde,
Rois et sujets, généraux et soldats.
Un bruit m'arrive; est-ce un bruit de victoire?
On crie un nom; je ne l'entends pas bien.
Grands, dont là bas je vois ramper la gloire,
En me créant Dieu m'a dit : Ne sois rien.

Sachez pourtant, pilotes du royaume,
Combien j'admire un homme de vertu,
Qui, regrettant son hôtel ou son chaume,
Monte au vaisseau par tous les vents battu.
De loin, ma voix lui crie : Heureux voyage!
Priant de cœur pour tout grand citoyen.
Mais au soleil je m'endors sur la plage.
En me créant Dieu m'a dit : Ne sois rien.

Votre tombeau sera pompeux sans doute;
J'aurai, sous l'herbe, une fosse à l'écart.
Un peuple en deuil vous fait cortège en route;
Du pauvre, moi, j'attends le corbillard.
En vain on court où votre étoile tombe;
Qu'importe alors votre gîte ou le mien?
La différence est toujours une tombe.
En me créant Dieu m'a dit: Ne sois rien.

De ce palais souffrez donc que je sorte.
A vos grandeurs je devais un salut.
Amis, adieu. J'ai derrière la porte
Laissé tantôt mes sabots et mon luth.
Sous ces lambris près de vous accourue,
La Liberté s'offre à vous pour soutien.
Je vais chanter ses bienfaits dans la rue.
En me créant Dieu m'a dit: Ne sois rien.

GOTTON.

Air des Cancans.

Deux vieilles disaient tout bas :
Belzébuth prend ses ébats.
Voyez en robe, en manteau,
Gotton, servante au château.
C'est par-ci, c'est par-là,
Trala, trala, tralala.
C'est par-ci, c'est par-là,
C'est le diable en falbala.

Son maître est jouet d'un sort.
Oui, de l'enfer elle sort.
Gageons que son brodequin
Nous cache un pied de bouquin.

C'est par-ci, c'est par-là,
Trala, trala, tralala.
C'est par-ci, c'est par-là,
C'est le diable en falbala.

Au vieux baron dès qu'elle eut
Fait abjurer son salut;
Gotton, rouge de bonheur,
Se créa dame d'honneur.
C'est par-ci, c'est par-là,
Trala, trala, tralala.
C'est par-ci, c'est par-là,
C'est le diable en falbala.

Bien que le chemin soit long
De la cuisine au salon,
J'en viens, dit-elle, à mes fins;
Dormons tard dans des draps fins.
C'est par-ci, c'est par-là,
Trala, trala, tralala.
C'est par-ci, c'est par-là,
C'est le diable en falbala.

Depuis lors, certain valet,
N'ouvrant qu'un coin du volet,
Au lit, d'un air échauffé,
Porte à Gotton son café.
  C'est par-ci, c'est par-là,
 Trala, trala, tralala.
  C'est par-ci, c'est par-là,
 C'est le diable en falbala.

Au château tous empâtés,
Que d'ânes elle a bâtés !
Notre maire, qui l'a fait?
Gotton et le sous-préfet.
  C'est par-ci, c'est par-là,
 Trala, trala, tralala.
  C'est par-ci, c'est par-là,
 C'est le diable en falbala.

A l'église, Dieu ! quel ton !
Suisse, au banc menez Gotton,
Pour lorgner le sacripant
Qu'elle même a fait serpent.

C'est par-ci, c'est par-là,
Trala, trala, tralala.
C'est par-ci, c'est par-là,
C'est le diable en falbala.

Mais quoi! l'infame, aux jours gras,
Du beau curé prend le bras;
L'appelle petit coquin
Et l'habille en Arlequin!
C'est par-ci, c'est par-là,
Trala, trala, tralala.
C'est par-ci, c'est par-là,
C'est le diable en falbala.

Elle a tout: meubles, chevaux,
Bals, festins, atours nouveaux;
Riche, on l'accueille en tout lieu.
Puis, courez donc prier Dieu!
C'est par-ci, c'est par-là,
Trala, trala, tralala.
C'est par-ci, c'est par-là,
C'est le diable en falbala.

L'enfer donne à ses suppôts
Trésors, plaisirs et repos.
J'en conclus qu'il est écrit
Que Gotton est l'Antechrist.
C'est par-ci, c'est par-là,
Trala, trala, tralala.
C'est par-ci, c'est par-là,
C'est le diable en falbala.

COLIBRI.

Air : Garde à vous.

Mes amis,
J'ai soumis
L'enfer à ma puissance.
De son obéissance
J'ai pour gage certain
Un lutin. (*bis.*)
Sous forme d'oiseau-mouche
A mon chevet il couche.
Lutin doux et chéri,
Baisez-moi, Colibri.
Colibri! (*ter.*)

S'éveillant,
Babillant,

Au jour qui naît et brille,
Son petit corps scintille
D'émeraude et d'azur
Et d'or pur.
Fleur qui cherche sa tige,
Le voilà qui voltige :
L'aurore en a souri.
Baisez-moi, Colibri.
Colibri!

Je le vois
A ma voix
Voler vers qui m'implore.
Ses ailes font éclore
Richesse, honneurs, amours
Et beaux jours.
Quelque soif qui m'embrase,
Il peut remplir le vase
Que ma bouche a tari.
Baisez-moi, Colibri.
Colibri!

Je puis voir
Son pouvoir
Franchir l'espace et l'onde ;
Du Pérou, de Golconde
M'apporter, dans nos ports,
Les trésors.
Mais, non ; point d'opulence,
Quand un peuple en silence
Souffre et meurt sans abri.
Baisez-moi, Colibri,
Colibri !

Je puis voir
Son pouvoir
Me donner des couronnes ;
Des palais à colonnes,
Des gardes et l'amour
D'une Cour.
Mais, non ; j'en sais l'histoire :
Le monde à tant de gloire,
De douleur pousse un cri.

Baisez-moi, Colibri.
Colibri!

Demandons
Pour seuls dons,
Simple toit, portes closes;
Des chants, du vin, des roses,
Et la paix d'un reclus,
Rien de plus.
Mon paradis s'arrange,
Dieux! et l'oiseau se change
En piquante houri.
Baisez-moi, Colibri.
Colibri!
Colibri!
Colibri!

ÉMILE DEBRAUX.[29]

CHANSON-PROSPECTUS POUR LES OEUVRES DE CE CHANSONNIER.

AIR : Dis-moi, soldat, t'en souviens-tu?

Le pauvre Émile a passé comme une ombre,
Ombre joyeuse et chère aux bons vivants.
Ses gais refrains vous égalent en nombre,
Fleurs d'acacia qu'éparpillent les vents.
Debraux, dix ans, régna sur la goguette,
Mit l'orgue en train et les chœurs des faubourgs,
Et roulant roi, de guinguette en guiguette,
Du pauvre peuple il chanta les amours.

Toujours enfant, gai jusqu'à faire envie,
En étourdi vers le plaisir poussé;
Pouffant de rire à voir couler sa vie
Comme le vin d'un tonneau défoncé;

Sifflant le sot sous les croix qu'il découvre,
Ou sur son char le grand mal affermi ;
Sans s'informer par où l'on monte au Louvre,
Du pauvre peuple il est resté l'ami.

Mais, dites-vous, il avait donc des rentes ?
Eh ! non, messieurs ; il logeait au grenier.
Le temps, au bruit des fêtes enivrantes,
Râpait, râpait l'habit du chansonnier.
Venait l'hiver ; le bois manquait à l'âtre ;
La vitre, au nord, étincelait de fleurs ;
Il grelottait, mais sa muse folâtre
Du pauvre peuple allait sécher les pleurs.

De l'œil des rois on a compté les larmes ;
Les yeux du peuple en ont trop pour cela.
La France alors pleurait l'éclat des armes
Et les grandeurs dont le cours l'ébranla.
Ta voix, Émile, évoquant notre histoire,
Du cabaret ennoblit les échos.
C'était l'asile où se cachait la gloire.
Le pauvre peuple aime tant les héros !

Bien jeune, hélas! il descend dans la fosse.
Je l'ai conduit où vieux j'irai demain.
Chantant au loin, des buveurs à voix fausse,
Aux noirs pensers m'arrachaient en chemin.
C'étaient ses chants que disait leur ivresse,
Chants que leurs fils sauront bien rajeunir.
De son passage est-il un roi qui laisse
Au pauvre peuple un si doux souvenir?

De sa famille allégez l'indigence;
Riches et grands, achetez ce recueil.
A tant d'esprit passez la négligence:
Ah! du talent le besoin est l'écueil.
Ne soyez point ingrats pour nos musettes;
Songez aux maux que nous adoucissons.
Pour s'en tenir au lot que vous lui faites,
Le pauvre peuple a besoin de chansons.

LE PROVERBE.

Air :

Épris jadis d'une princesse,
Alain vit son cœur rejeté.
Simple écuyer, né sans noblesse,
Comme un vilain il fut traité.
La princesse avait une dame,
Dame d'honneur, fleur au déclin.
Alain lui transporte sa flamme;
Il est traité comme un vilain.

La dame avait une suivante
Qui tenait à la qualité.
En vain de lui plaire il se vante;
Comme un vilain il est traité.
La suivante avait sa soubrette:
Celle-ci cède au pauvre Alain,

Surprise, tant bien il la traite,
Qu'ont l'ait traité comme un vilain.

La suivante qu'un mot éclaire,
Court après Alain mieux goûté.
La dame à son tour veut lui plaire;
Comme un baron il est traité.
La princesse enfin moins superbe
Ouvre au galant ses draps de lin.
Depuis lors, adieu le proverbe
Qui dit, traité comme un vilain.

LES FEUX FOLLETS.

Air : Faut l'oublier, disait Colette.

O nuit d'été, paix du village,
Ciel pur, doux parfums, frais ruisseau ;
Vous embellissiez mon berceau,
Consolez-moi dans un autre âge.
Las du monde, ici je me plais ;
Tout y retrace mon enfance,
Oui, tout, jusqu'à ces feux follets.
Jadis leur éclat et leur danse
M'auraient fait fuir à pas pressés.
J'ai perdu ma douce ignorance.
Follets, dansez, dansez, dansez.

On racontait aux longues veilles
Qu'ils étaient moqueurs et méchants ;

Que ces feux gardaient dans nos champs
Bien des trésors, bien des merveilles.
Revenants, lutins, noirs esprits,
Sorciers, malignes influences,
A tout croire on m'avait appris.
Je voyais des dragons immenses
Sur les donjons des temps passés.
L'âge a soufflé sur mes croyances.
Follets, dansez, dansez, dansez.

Un soir, j'avais dix ans à peine,
Égaré, couvert de sueur,
Je vois de loin cette lueur :
C'est la lampe de ma marraine.
Chez elle un gâteau m'attendant,
Je cours, je cours, l'ame ravie.
Un berger me crie : Imprudent!
« La lumière par toi suivie
« Éclaire un bal de trépassés. »
Ainsi devait s'user ma vie.
Follets, dansez, dansez, dansez.

A seize ans, je vis même flamme,
Sur la tombe du vieux curé;
Soudain m'écriant : Je prierai,
Monsieur le curé, pour votre ame;
Je m'imagine qu'il me dit :
« Faut-il que la beauté te rende
« Déja rêveur, enfant maudit! »
Ce soir-là, tant ma peur fut grande,
Je crus à des cieux courroucés.
Parlez encore et que j'entende.
Follets, dansez, dansez, dansez.

Quand j'aimai Rose au cœur candide,
Un peu d'or eût comblé nos vœux.
Devant moi passe un de ces feux :
Vers des trésors qu'il soit mon guide.
J'ose le suivre, mais, hélas!
Dans l'étang que ce ruisseau creuse,
Je tombe, et je ne péris pas!
A-t-il ri de ta chute affreuse?
Disent encor des insensés.

Non, mais sans moi Rose est heureuse.
Follets, dansez, dansez, dansez.

De mille erreurs l'ame affranchie,
Me voilà vieux avant le temps.
Vapeurs qui brillez peu d'instants,
Voyez-vous ma tête blanchie?
Des sages m'ont ouvert les yeux;
Mais j'admirais bien plus l'aurore
Quand je connaissais moins les cieux.
Du savoir le flambeau dévore
Les sylphes qui nous ont bercés.
Ah! je voudrais vous craindre encore.
Follets, dansez, dansez, dansez.

PONIATOWSKI. [30]

JUILLET 1831.

Air des Trois couleurs.

Quoi! vous fuyez, vous, les vainqueurs du monde!
Devant Leipzig le sort s'est-il mépris?
Quoi! vous fuyez! et ce fleuve qui gronde,
D'un pont qui saute emporte les débris!
Soldats, chevaux, pêle-mêle, et les armes,
Tout tombe là; l'Elster roule entravé.
Il roule sourd aux vœux, aux cris, aux larmes :
« Rien qu'une main, (*bis*) Français, je suis sauvé! »

« Rien qu'une main? malheur à qui l'implore!
« Passons, passons. S'arrêter! et pour qui? »
Pour un héros que le fleuve dévore:
Blessé trois fois, c'est Poniatowski.

Qu'importe ! on fuit. La frayeur rend barbare.
A pas un cœur son cri n'est arrivé.
De son coursier le torrent le sépare :
« Rien qu'une main, Français, je suis sauvé !

Il va périr ; non ; il lutte, il surnage ;
Il se rattache aux longs crins du coursier.
« Mourir noyé ! dit-il, lorsqu'au rivage
« J'entends le feu, je vois luire l'acier !
« Frères, à moi ! vous vantiez ma vaillance.
« Je vous chéris ; mon sang l'a bien prouvé.
« Ah ! qu'il m'en reste à verser pour la France !
« Rien qu'une main, Français, je suis sauvé ! »

Point de secours ! et sa main défaillante
Lâche son guide : adieu, Pologne, adieu !
Mais un doux rêve, une image brillante
Dans son esprit descend du sein de Dieu.
« Que vois-je ? enfin, l'aigle blanc se réveille,
« Vole, combat, de sang russe abreuvé.
« Un chant de gloire éclate à mon oreille.
« Rien qu'une main, Français, je suis sauvé ! »

Point de secours! il n'est plus, et la rive
Voit l'ennemi camper dans ses roseaux.
Ces temps sont loin, mais une voix plaintive
Dans l'ombre encore appelle au fond des eaux.
Et depuis peu, (grand Dieu, fais qu'on me croie!)
Jusques au ciel son cri s'est élevé.
Pourquoi ce cri que le ciel nous renvoie :
« Rien qu'une main, Français, je suis sauvé! »

C'est la Pologne et son peuple fidèle
Qui tant de fois a pour nous combattu.
Elle se noie au sang qui coule d'elle,
Sang qui s'épuise en gardant sa vertu.
Comme ce chef mort pour notre patrie,
Corps en lambeaux dans l'Elster retrouvé,
Au bord du gouffre un peuple entier nous crie :
« Rien qu'une main, Français, je suis sauvé! »

HATONS-NOUS!

FÉVRIER 1831.

AIR : Ah ! si ma dame me voyait.

Ah ! si j'étais jeune et vaillant,
Vrai hussard, je courrais le monde,
Retroussant ma moustache blonde,
Sous un uniforme brillant,
Le sabre au poing et bataillant.
Va, mon coursier, vole en Pologne :
Arrachons un peuple au trépas.
Que nos poltrons en aient vergogne.
Hâtons-nous ; l'honneur est là bas. (*bis.*)

Si j'étais jeune, assurément
J'aurais maîtresse jeune et belle.

Vite en croupe, mademoiselle ;
Imitez le beau dévouement
Des femmes de ce peuple aimant.
Vendez vos parures ; oui, toutes.
En charpie emportons vos draps.
De son sang sauvez quelques gouttes.
Hâtons-nous ; l'honneur est là bas.

Bien plus ; si j'avais des millions,
J'irais dire aux braves Sarmates :
Achetons quelques diplomates,
Beaucoup de poudre, et rhabillons
Vos héroïques bataillons.
L'Europe qui marche à béquilles,
Riche goutteuse, ne croit pas
A la vertu sous des guenilles.
Hâtons-nous ; l'honneur est là bas.

Pour eux, si j'étais roi puissant,
Combien je ferais plus encore !
Mes vaisseaux, du Sund au Bosphore,
Iraient réveiller le Croissant,

Des Suédois réchauffer le sang;
Criant : Pologne, on te seconde!
Un long sceptre au bout d'un bon bras
Peut atteindre aux bornes du monde.
Hâtons-nous ; l'honneur est là bas.

Si j'étais un jour, un seul jour,
Le dieu que la Pologne implore,
Sous ma justice, avant l'aurore,
Le czar pâlirait dans sa Cour :
Aux Polonais tout mon amour!
Je saurais, trompant les oracles,
De miracles semer leurs pas.
Hélas! il leur faut des miracles!
Hâtons-nous ; l'honneur est là bas.

Hâtons-nous! mais je ne puis rien.
O Roi des cieux, entends ma plainte :
Père de la liberté sainte,
De ce peuple unique soutien,
Fais de moi son ange gardien.
Dieu, donne à ma voix la trompette

Qui doit réveiller du trépas,
Pour qu'au monde entier je répète :
Hâtez-vous ; l'honneur est là bas.

L'ÉCRIVAIN PUBLIC.

1824.

COUPLETS DE FÊTE ADRESSÉS A M. J. LAFFITTE, PAR DES ENFANTS QUI IMPLORAIENT SA BIENFAISANCE. [31]

AIR de la République.

LES ENFANTS.

Daignez, monsieur, nous servir d'interprète.
Chantez pour nous Jacques qui fait du bien.

L'ÉCRIVAIN.

A le louer, enfants, ma plume est prête.
Des malheureux, oui, Jacque est le soutien.
Je le peindrai pur, dans son opulence,
Des titres vains dont l'orgueil se nourrit.

LES ENFANTS.

Chantez plutôt notre reconnaissance :
Des enfants n'ont pas tant d'esprit.

L'ÉCRIVAIN.

On peut chez lui célébrer la richesse
Qui trop souvent corrompit les humains.
Fruit du travail, tout l'argent de sa caisse
Sans les salir a passé dans ses mains.
Parfois chez nous la probité prospère;
Aux grands talents parfois le ciel sourit.

LES ENFANTS.

Parlez plutôt de notre pauvre père:
Des enfants n'ont pas tant d'esprit.

L'ÉCRIVAIN.

Je veux sur-tout le peindre à la tribune.
A la raison sa voix donna l'essor.
Il défendit la publique fortune
Lorsqu'aux proscrits il prodiguait son or.
Il nous montra la patrie expirante
Sur des trésors que le pouvoir tarit.

LES ENFANTS.

Peignez plutôt notre mère souffrante:
Des enfants n'ont pas tant d'esprit.

L'ÉCRIVAIN.

Je veux aussi peindre la calomnie:
Point de vertus que respectent ses traits.
Mais par le souffle une glace ternie
Plus pure aux yeux brille l'instant d'après.
En vain des sots il connut l'inconstance,
Du citoyen la palme refleurit.

LES ENFANTS.

Dites plutôt qu'il est notre espérance
  Des enfants n'ont pas tant d'esprit.

L'ÉCRIVAIN.

Pauvres enfants! je vois ce qu'il faut dire:
De vos parents Jacque est l'unique appui.
Les biens si chers auxquels un père aspire,
Vous priez Dieu de les verser sur lui.
Pour lui porter ces vœux d'une ame pure,
Vous attendiez que sa porte s'ouvrît.
Plus grands que vous passent par la serrure;
  Des enfants n'ont pas tant d'esprit.

A M. DE CHATEAUBRIAND.

SEPTEMBRE 1831.

AIR d'Octavie.

Chateaubriand, pourquoi fuir ta patrie,
Fuir son amour, notre encens et nos soins?
N'entends-tu pas la France qui s'écrie:
Mon beau ciel pleure une étoile de moins?

Où donc est-il? se dit la tendre mère.
Battu des vents que Dieu seul fait changer,
Pauvre aujourd'hui comme le vieil Homère,
Il frappe, hélas! au seuil de l'étranger.

Proscrit jadis, la naissante Amérique
Nous le rendit après nos longs discords,

Riche de gloire, et Colomb poétique,
D'un nouveau monde étalant les trésors.

Le pèlerin de Grèce et d'Ionie,
Chantant plus tard le cirque et l'Alhambra,
Nous revit tous dévots à son génie,
Devant le dieu que sa voix célébra.

De son pays, qui lui doit tant de lyres,
Lorsque la sienne en pleurant s'exila,
Il s'enquérait aux débris des empires,
Si des Français n'avaient point passé là.

C'était l'époque où, fécondant l'histoire,
La grande épée, effroi des nations,
Resplendissante au soleil de la gloire,
En fit sur nous rejaillir les rayons.

Ta voix résonne, et soudain ma jeunesse
Brille à tes chants d'une noble rougeur. 32
J'offre aujourd'hui, pour prix de mon ivresse,
Un peu d'eau pure au pauvre voyageur.

Chateaubriand, pourquoi fuir ta patrie,
Fuir son amour, notre encens et nos soins?
N'entends-tu pas la France qui s'écrie :
Mon beau ciel pleure une étoile de moins?

Des anciens rois quand revint la famille,
Lui, de leur sceptre appui religieux,
Crut aux Bourbons faire adopter pour fille
La Liberté qui se passe d'aïeux.

Son éloquence à ces rois fit l'aumône :
Prodigue fée, en ses enchantements,
Plus elle voit de rouille à leur vieux trône,
Plus elle y sème et fleurs et diamants.

Mais de nos droits il gardait la mémoire.
Les insensés dirent : Le ciel est beau.
Chassons cet homme, et soufflons sur sa gloire,
Comme au grand jour on éteint un flambeau.

Et tu voudrais t'attacher à leur chute!
Connais donc mieux leur folle vanité.

Au rang des maux qu'au ciel même elle impute,
Leur cœur ingrat met ta fidélité.

Va; sers le peuple en butte à leurs bravades,
Ce peuple humain, des grands talents épris,
Qui t'emportait, vainqueur aux barricades,
Comme un trophée, entre ses bras meurtris.

Ne sers que lui. Pour lui ma voix te somme
D'un prompt retour après un triste adieu.
Sa cause est sainte: il souffre, et tout grand homme
Auprès du peuple est l'envoyé de Dieu.

Chateaubriand, pourquoi fuir ta patrie,
Fuir son amour, notre encens et nos soins?
N'entends-tu pas la France qui s'écrie:
Mon beau ciel pleure une étoile de moins?

CONSEIL AUX BELGES.

MAI 1831.

Air de la République.

Finissez-en, nos frères de Belgique,
Faites un roi, morbleu, finissez-en.
Depuis huit mois, vos airs de république
Donnent la fièvre à tout bon courtisan.
D'un roi toujours la matière se trouve ;
C'est Jean, c'est Paul, c'est mon voisin ; c'est moi.
Tout œuf royal éclôt sans qu'on le couve.
Faites un roi, morbleu, faites un roi.
        Faites un roi, faites un roi.

Quels biens sur vous un prince va répandre!
D'abord viendra l'étiquette aux grands airs ;

Puis des cordons et des croix à revendre;
Puis ducs, marquis, comtes, barons et pairs.
Puis un beau trône, en or, en soie, en nacre,
Dont le coussin prête à plus d'un émoi.
S'il plaît au ciel, vous aurez même un sacre.
Faites un roi, morbleu, faites un roi.
Faites un roi, faites un roi.

Puis vous aurez baisemains et parades,
Discours et vers, feux d'artifice et fleurs;
Puis force gens qui se disent malades
Dès qu'un bobo cause au roi des douleurs.
Bonnet de pauvre et royal diadème
Ont leur vermine : un dieu fit cette loi.
Les courtisans rongent l'orgueil suprême.
Faites un roi, morbleu, faites un roi.
Faites un roi, faites un roi.

Chez vous pleuvront laquais de toute sorte;
Juges, préfets, gendarmes, espions;
Nombreux soldats pour leur prêter main-forte;
Joie à brûler un cent de lampions.

Vient le budget! nourrir Athène et Sparte
Eût, en vingt ans, moins coûté, sur ma foi.
L'ogre a dîné; peuples, payez la carte.
Faites un roi, morbleu, faites un roi.
Faites un roi, faites un roi.

Mais, quoi! je raille; on le sait bien en France:
J'y suis du trône un des chauds partisans.
D'ailleurs l'histoire a répondu d'avance:
Nous n'y voyons que princes bienfaisants.
Pères du peuple ils le font pâmer d'aise;
Plus il s'instruit, moins ils en ont d'effroi;
Au bon Henri succède Louis treize.
Faites un roi, morbleu, faites un roi.
Faites un roi, faites un roi.

LE REFUS.

CHANSON ADRESSÉE AU GÉNÉRAL SÉBASTIANI.

AIR : Le 1er du mois de janvier.

Un ministre veut m'enrichir,
Sans que l'honneur ait à gauchir,
Sans qu'au *Moniteur* on m'affiche.
Mes besoins ne sont pas nombreux;
Mais quand je pense aux malheureux,
Je me sens né pour être riche.

Avec l'ami pauvre et souffrant
On ne partage honneurs ni rang;
Mais l'or du moins on le partage.
Vive l'or! oui, souvent, ma foi,
Pour cinq cents francs, si j'étais roi,
Je mettrais ma couronne en gage.

Qu'un peu d'argent pleuve en mon trou,
Vite il s'en va, Dieu sait par où!
D'en conserver je désespère.
Pour recoudre à fond mes goussets,
J'aurais dû prendre, à son décès,
Les aiguilles de mon grand-père.

Ami, pourtant gardez votre or.
Las! j'épousai, bien jeune encor,
La Liberté, dame un peu rude.
Moi, qui dans mes vers ai chanté
Plus d'une facile beauté,
Je meurs l'esclave d'une prude.

La Liberté! c'est, Monseigneur,
Une femme folle d'honneur;
C'est une bégueule enivrée
Qui, dans la rue ou le salon,
Pour le moindre bout de galon,
Va criant: A bas la livrée!

Vos écus la feraient damner.

Au fait, pourquoi pensionner
Ma muse indépendante et vraie?
Je suis un sou de bon aloi;
Mais en secret argentez-moi,
Et me voilà fausse monnaie.

Gardez vos dons: je suis peureux.
Mais si d'un zèle généreux
Pour moi le monde vous soupçonne;
Sachez bien qui vous a vendu:
Mon cœur est un luth suspendu,
Sitôt qu'on le touche, il résonne.

LA RESTAURATION DE LA CHANSON.

JANVIER 1831.

AIR : J'arrive à pied de province.

Oui, chanson, Muse ma fille,
J'ai déclaré net
Qu'avec Charle et sa famille
On te détrônait. [33]
Mais chaque loi qu'on nous donne
Te rappelle ici.
Chanson, reprends ta couronne.
— Messieurs, grand merci !

Je croyais qu'on allait faire
Du grand et du neuf ;
Même étendre un peu la sphère
De quatre-vingt-neuf.

Mais point! on rebadigeonne
Un trône noirci.
Chanson, reprends ta couronne.
— Messieurs, grand merci!

Depuis les jours de décembre,[34]
Vois, pour se grandir,
La Chambre vanter la Chambre;
La Chambre applaudir.
A se prouver qu'elle est bonne
Elle a réussi.
Chanson, reprends ta couronne.
— Messieurs, grand merci!

Basse-cour des ministères
Qu'en France on honnit,
Nos chapons héréditaires
Sauveront leur nid.[35]
Les petits que Dieu leur donne
Y pondront aussi.
Chanson, reprends ta couronne.
— Messieurs, grand merci!

Gloire à la garde civique,
Piédestal des lois !
Qui maintient la paix publique
Peut venger nos droits.
Là haut, quelqu'un, je soupçonne,
En a du souci.
Chanson, reprends ta couronne.
— Messieurs, grand merci !

La planète doctrinaire
Qui sur Gand brillait,
Veut servir de luminaire
Aux gens de Juillet.
Fi d'un froid soleil d'automne,
De brume obscurci!
Chanson, reprends ta couronne.
— Messieurs, grand merci!

Nos ministres qu'on peut mettre
Tous au même point,
Voudraient que le baromètre
Ne variât point.

Pour peu que là bas il tonne,
On se signe ici.
Chanson, reprends ta couronne.
— Messieurs, grand merci!

Pour être en état de grace,
Que de grands peureux
Ont soin de laisser en place
Les hommes véreux!
Si l'on ne touche à personne,
C'est à fin que si..........
Chanson, reprends ta couronne.
— Messieurs, grand merci!

Te voilà donc restaurée,
Chanson mes amours.
Tricolore et sans livrée
Montre-toi toujours.
Ne crains plus qu'on t'emprisonne,
Du moins à Poissy.
Chanson, reprends ta couronne.
— Messieurs, grand merci!

Mais pourtant laisse en jachère
 Mon sol fatigué.
Mes jeunes rivaux, ma chère,
 Ont un ciel si gai!
Chez eux la rose foisonne,
 Chez moi, le souci.
Chanson, reprends ta couronne.
 — Messieurs, grand merci!

SOUVENIRS D'ENFANCE.

1831.

A MES PARENTS ET AMIS DE PÉRONNE, VILLE OÙ J'AI PASSÉ UNE PARTIE DE MA JEUNESSE, DE 1790 A 1796.

Air de la Ronde des comédiens.

Lieux où jadis m'a bercé l'Espérance,
Je vous revois à plus de cinquante ans.
On rajeunit aux souvenirs d'enfance,
Comme on renaît au souffle du printemps.

Salut! à vous, amis de mon jeune âge.
Salut! parents que mon amour bénit.
Grace à vos soins, ici, pendant l'orage,
Pauvre oiselet, j'ai pu trouver un nid.

Je veux revoir jusqu'à l'étroite geôle,
Où, près de nièce aux frais et doux appas,
Régnait sur nous le vieux maître d'école,
Fier d'enseigner ce qu'il ne savait pas.

J'ai fait ici plus d'un apprentissage,
A la paresse, hélas! toujours enclin.
Mais je me crus des droits au nom de sage,
Lorsqu'on m'apprit le métier de Francklin.

C'était à l'âge où naît l'amitié franche,
Sol que fleurit un matin plein d'espoir.
Un arbre y croît dont souvent une branche
Nous sert d'appui pour marcher jusqu'au soir.

Lieux où jadis m'a bercé l'Espérance,
Je vous revois à plus de cinquante ans.
On rajeunit aux souvenirs d'enfance,
Comme on renaît au souffle du printemps.

C'est dans ces murs qu'en des jours de défaites,
De l'ennemi j'écoutais le canon.

Ici, ma voix mêlée aux chants des fêtes,
De la patrie a bégayé le nom.

Ame rêveuse aux ailes de colombe,
De mes sabots, là, j'oubliais le poids.
Du ciel, ici, sur moi la foudre tombe
Et m'apprivoise avec celle des rois. [36]

Contre le sort ma raison s'est armée
Sous l'humble toit, et vient aux mêmes lieux
Narguer la gloire, inconstante fumée
Qui tire aussi des larmes de nos yeux.

Amis, parents, témoins de mon aurore,
Objets d'un culte avec le temps accru,
Oui, mon berceau me semble doux encore,
Et la berceuse a pourtant disparu.

Lieux où jadis m'a bercé l'Espérance,
Je vous revois à plus de cinquante ans.
On rajeunit aux souvenirs d'enfance,
Comme on renaît au souffle du printemps.

LE VIEUX VAGABOND.

Air : Guide mes pas, ô Providence. (*Des deux Journées.*)

Dans ce fossé cessons de vivre.
Je finis vieux, infirme et las.
Les passants vont dire : Il est ivre.
Tant mieux ! ils ne me plaindront pas.
J'en vois qui détournent la tête ;
D'autres me jettent quelques sous.
Courez vite ; allez à la fête.
Vieux vagabond, je puis mourir sans vous.

Oui, je meurs ici de vieillesse
Parcequ'on ne meurt pas de faim.
J'espérais voir de ma détresse
L'hôpital adoucir la fin.

Mais tout est plein dans chaque hospice,
Tant le peuple est infortuné.
La rue, hélas! fut ma nourrice.
Vieux vagabond, mourons où je suis né.

Aux artisans, dans mon jeune âge,
J'ai dit: Qu'on m'enseigne un métier.
Va, nous n'avons pas trop d'ouvrage,
Répondaient-ils, va mendier.
Riches, qui me disiez: Travaille,
J'eus bien des os de vos repas;
J'ai bien dormi sur votre paille.
Vieux vagabond, je ne vous maudis pas.

J'aurais pu voler, moi, pauvre homme;
Mais non: mieux vaut tendre la main.
Au plus, j'ai dérobé la pomme
Qui mûrit au bord du chemin.
Vingt fois pourtant on me verrouille
Dans les cachots, de par le roi.
De mon seul bien on me dépouille.
Vieux vagabond, le soleil est à moi.

Le pauvre a-t-il une patrie?
Que me font vos vins et vos blés ;
Votre gloire et votre industrie,
Et vos orateurs assemblés ?
Dans vos murs ouverts à ses armes,
Lorsque l'étranger s'engraissait,
Comme un sot j'ai versé des larmes.
Vieux vagabond, sa main me nourrissait.

Comme un insecte fait pour nuire,
Hommes, que ne m'écrasiez-vous ?
Ah ! plutôt vous deviez m'instruire
A travailler au bien de tous.
Mis à l'abri du vent contraire,
Le ver fût devenu fourmi ;
Je vous aurais chéris en frère.
Vieux vagabond, je meurs votre ennemi.

COUPLETS

ADRESSÉS A DES HABITANTS DE L'ILE-DE-FRANCE (ILE MAURICE), QUI, LORS DE L'ENVOI QU'ILS FIRENT POUR LA SOUSCRIPTION DES BLESSÉS DE JUILLET, M'ADRESSÈRENT UNE CHANSON ET UNE BALLE DE CAFÉ.

AIR : Tendres échos, errants dans ces vallons.

Quoi! vos échos redisent nos chansons!
Bons Mauriciens, ils sont Français encore!
A travers flots, tempêtes et moussons,
Leur voix me vient d'où vient pour nous l'aurore.
De tant d'échos résonnant jusqu'à nous,
Les plus lointains nous semblent les plus doux.

Mes chants joyeux de jeunesse et d'amour
Ont donc aussi fait un si long voyage.

Loin de vos bords leur bruit vole à son tour,
Et me revient quand je suis vieux et sage.
De tant d'échos résonnant jusqu'à nous,
Les plus lointains nous semblent les plus doux.

On m'a conté qu'au bord du Gange assis,
Des exilés, gais enfants de la Seine,
A mes chansons, là, berçaient leurs soucis.
Qu'ainsi ma muse endorme votre peine!
De tant d'échos résonnant jusqu'à nous,
Les plus lointains nous semblent les plus doux.

Si mes chansons vont encor voyager,
Accueillez-les, ces folles hirondelles,
Comme un bon fils reçoit le messager
Qui, d'une mère, apporte des nouvelles.
De tant d'échos résonnant jusqu'à nous,
Les plus lointains nous semblent les plus doux.

Vous-même aussi célébrez vos amours.
Dieu permettra que nos voix se confondent;

Mais en français, frères, chantez toujours,
Pour que toujours nos échos se répondent.
De tant d'échos résonnant jusqu'à nous,
Les plus lointains nous semblent les plus doux.

CINQUANTE ANS.

Air :

Pourquoi ces fleurs ? est-ce ma fête ?
Non ; ce bouquet vient m'annoncer
Qu'un demi-siècle sur ma tête
Achève aujourd'hui de passer.
O combien nos jours sont rapides !
O combien j'ai perdu d'instants !
O combien je me sens de rides !
Hélas ! hélas ! j'ai cinquante ans.

A cet âge, tout nous échappe ;
Le fruit meurt sur l'arbre jauni.
Mais à ma porte quelqu'un frappe ;
N'ouvrons point : mon rôle est fini.

C'est, je gage, un docteur qui jette
Sa carte où s'est logé le temps.
Jadis, j'aurais dit : C'est Lisette.
Hélas ! hélas ! j'ai cinquante ans.

En maux cuisants vieillesse abonde :
C'est la goutte qui nous meurtrit ;
La cécité, prison profonde ;
La surdité dont chacun rit.
Puis la raison, lampe qui baisse,
N'a plus que des feux tremblotants.
Enfants, honorez la vieillesse !
Hélas ! hélas ! j'ai cinquante ans.

Ciel ! j'entends la mort qui, joyeuse,
Arrive en se frottant les mains.
A ma porte, la fossoyeuse
Frappe ; adieu, messieurs les humains !
En bas, guerre, famine et peste ;
En haut, plus d'astres éclatants.
Ouvrons, tandis que Dieu me reste.
Hélas ! hélas ! j'ai cinquante ans.

Mais non! c'est vous! vous, jeune amie!
Sœur de charité des amours!
Vous tirez mon ame endormie
Du cauchemar des mauvais jours.
Semant les roses de votre âge
Par-tout, comme fait le printemps,
Parfumez les rêves d'un sage.
Hélas! hélas! j'ai cinquante ans.

JACQUES.

AIR de Jeannot et Colin.

Jacque, il me faut troubler ton somme.
Dans le village, un gros huissier
Rôde et court, suivi du messier.
C'est pour l'impôt, las ! mon pauvre homme.
Lève-toi, Jacques, lève-toi ;
Voici venir l'huissier du roi.

Regarde : le jour vient d'éclore ;
Jamais si tard tu n'as dormi.
Pour vendre, chez le vieux Remi,
On saisissait avant l'aurore.
Lève-toi, Jacques, lève-toi ;
Voici venir l'huissier du roi.

Pas un sou! Dieu! je crois l'entendre.
Écoute les chiens aboyer.
Demande un mois pour tout payer.
Ah! si le roi pouvait attendre!
Lève-toi, Jacques, lève-toi;
Voici venir l'huissier du roi.

Pauvres gens! l'impôt nous dépouille!
Nous n'avons, accablés de maux,
Pour nous, ton père et six marmots,
Rien que ta bêche et ma quenouille.
Lève-toi, Jacques, lève-toi;
Voici venir l'huissier du roi.

On compte, avec cette masure,
Un quart d'arpent, cher affermé.
Par la misère il est fumé;
Il est moissonné par l'usure.
Lève-toi, Jacques, lève-toi;
Voici venir l'huissier du roi.

Beaucoup de peine et peu de lucre.

Quand d'un porc aurons-nous la chair?
Tout ce qui nourrit est si cher!
Et le sel aussi, notre sucre!
Lève-toi, Jacques, lève-toi;
Voici venir l'huissier du roi.

Du vin soutiendrait ton courage;
Mais les droits l'ont bien renchéri!
Pour en boire un peu, mon chéri,
Vends mon anneau de mariage.
Lève-toi, Jacques, lève-toi;
Voici venir l'huissier du roi.

Rêverais-tu que ton bon ange
Te donne richesse et repos?
Que sont aux riches les impôts?
Quelques rats de plus dans leur grange.
Lève-toi, Jacques, lève-toi;
Voici venir l'huissier du roi.

Il entre! ô ciel! que dois-je craindre?
Tu ne dis mot! quelle pâleur!

Hier tu t'es plaint de ta douleur,
Toi qui souffres tant sans te plaindre.
Lève-toi, Jacques, lève-toi ;
Voici monsieur l'huissier du roi.

Elle appelle en vain ; il rend l'ame.
Pour qui s'épuise à travailler
La mort est un doux oreiller.
Bonnes gens, priez pour sa femme.
Lève-toi, Jacques, lève-toi ;
Voici monsieur l'huissier du roi.

LES ORANGS-OUTANGS.

AIR : *Un ancien proverbe nous dit :*
ou de Calpigi.

Jadis, si l'on en croit Ésope,
Les orangs-outangs de l'Europe
Parlaient si bien, que d'eux, hélas!
Nous sont venus les avocats.
Un des leurs, à son auditoire,
Dit un jour : Consultez l'histoire;
« Messieurs, l'homme fut en tout temps
« Le singe des orangs-outangs.

« Oui, d'abord, vivant de nos miettes,
« Il prit de nous l'art des cueillettes;
« Puis, d'après nous, le genre humain
« Marcha droit, la canne à la main.

« Même avec le ciel qui l'effraie,
« Il use de notre monnaie.
« Messieurs, l'homme fut en tout temps
« Le singe des orangs-outangs.

« Il prend nos amours pour modèles;
« Mais nos guenons nous sont fidèles.
« Sans doute il n'a bien imité
« Que notre cynisme effronté.
« C'est, chez nous, qu'à vivre sans gêne
« S'instruisit le grand Diogène.
« Messieurs, l'homme fut en tout temps
« Le singe des orangs-outangs.

« L'homme a vu chez nous une armée
« D'un centre et d'ailes bien formée,
« Ayant, sous les chefs les meilleurs,
« Garde, avant-garde et tirailleurs.
« Il n'avait pas mis Troie en cendre,
« Que nous comptions vingt Alexandre.
« Messieurs, l'homme fut en tout temps
« Le singe des orangs-outangs.

« Avec bâton, épée ou lance,
« Tuer est l'art par excellence.
« Nous l'enseignons. Or dites-moi,
« Pourquoi l'homme est-il notre roi ?
« Grands dieux, c'est fait pour rendre impie.
« Votre image est notre copie.
« Oui, dieux, l'homme fut en tout temps
« Le singe des orangs-outangs. »

Quoi! dit Jupin, à mes oreilles,
Toujours, singes, castors, abeilles,
Crieront : C'est un ours mal léché,
Votre homme ; où l'avez-vous pêché?
Tout sot qu'il est, il me cajole.
Otons aux bêtes la parole :
Car l'homme encor sera long-temps
Le singe des orangs-outangs.

LES FOUS.

AIR : Ce magistrat irréprochable.

Vieux soldats de plomb que nous sommes,
Au cordeau nous alignant tous,
Si des rangs sortent quelques hommes,
Tous nous crions : A bas les fous !
On les persécute, on les tue ;
Sauf, après un lent examen,
A leur dresser une statue,
Pour la gloire du genre humain.

Combien de temps une pensée,
Vierge obscure, attend son époux !
Les sots la traitent d'insensée ;
Le sage lui dit : Cachez-vous.

Mais la rencontrant loin du monde,
Un fou qui croit au lendemain,
L'épouse ; elle devient féconde
Pour le bonheur du genre humain.

J'ai vu Saint-Simon le prophète,
Riche d'abord, puis endetté,
Qui des fondements jusqu'au faîte
Refaisait la société.
Plein de son œuvre commencée,
Vieux, pour elle il tendait la main,
Sûr qu'il embrassait la pensée
Qui doit sauver le genre humain.

Fourier[37] nous dit : Sors de la fange,
Peuple en proie aux déceptions !
Travaille, groupé par phalange,
Dans un cercle d'attractions.
La terre, après tant de désastres,
Forme avec le ciel un hymen,
Et la loi qui régit les astres
Donne la paix au genre humain.

Enfantin affranchit la femme;
L'appelle à partager nos droits.
Fi! dites-vous; sous l'épigramme
Ces fous rêveurs tombent tous trois.
Messieurs, lorsqu'en vain notre sphère,
Du bonheur cherche le chemin,
Honneur au fou qui ferait faire
Un rêve heureux au genre humain!

Qui découvrit un nouveau monde?
Un fou qu'on raillait en tout lieu.
Sur la croix que son sang inonde,
Un fou qui meurt nous lègue un Dieu.
Si demain, oubliant d'éclore,
Le jour manquait, eh bien! demain
Quelque fou trouverait encore
Un flambeau pour le genre humain.

LE SUICIDE.

SUR LA MORT DES JEUNES VICTOR ESCOUSSE ET AUGUSTE LEBRAS. 38

FÉVRIER 1832.

AIR d'Agéline de Wilhem,
ou le Tailleur et la Fée.

Quoi! morts tous deux! dans cette chambre close
Où du charbon pèse encor la vapeur!
Leur vie, hélas! était à peine éclose.
Suicide affreux! triste objet de stupeur!
Ils auront dit: Le monde fait naufrage:
Voyez pâlir pilote et matelots.
Vieux bâtiment usé par tous les flots,
Il s'engloutit: sauvons-nous à la nage.
Et vers le ciel se frayant un chemin,
Ils sont partis en se donnant la main.

Pauvres enfants! l'écho murmure encore
L'air qui berça votre premier sommeil.
Si quelque brume obscurcit votre aurore,
Leur disait-on, attendez le soleil.
Ils répondaient : Qu'importe que la sève
Monte enrichir les champs où nous passons!
Nous n'avons rien; arbres, fleurs ni moissons.
Est-ce pour nous que le soleil se lève!
Et vers le ciel se frayant un chemin,
Ils sont partis en se donnant la main.

Pauvres enfants! calomnier la vie!
C'est par dépit que les vieillards le font.
Est-il de coupe où votre ame ravie,
En la vidant, n'ait vu l'amour au fond?
Ils répondaient : C'est le rêve d'un ange.
L'amour! en vain notre voix l'a chanté.
De tout son culte un autel est resté;
Y touchions-nous? l'idole était de fange.
Et vers le ciel se frayant un chemin,
Ils sont partis en se donnant la main.

Pauvres enfants! mais les plumes venues,
Aigles un jour, vous pouviez, loin du nid,
Bravant la foudre et dépassant les nues,
La gloire en face, atteindre à son zénith.
Ils répondaient : Le laurier devient cendre,
Cendre qu'au vent l'envie aime à jeter.
Et notre vol dût-il si haut monter,
Toujours près d'elle il faudra redescendre.
Et vers le ciel se frayant un chemin,
Ils sont partis en se donnant la main.

Pauvres enfants! quelle douleur amère
N'apaisent pas de saints devoirs remplis?
Dans la patrie on retrouve une mère,
Et son drapeau nous couvre de ses plis.
Ils répondaient : Ce drapeau qu'on escorte
Au toit du chef, le protége endormi;
Mais le soldat, teint du sang ennemi,
Veille et de faim meurt en gardant la porte.
Et vers le ciel se frayant un chemin,
Ils sont partis en se donnant la main.

Pauvres enfants! de fantômes funèbres
Quelque nourrice a peuplé vos esprits.
Mais un Dieu brille à travers nos ténèbres;
Sa voix de père a dû calmer vos cris.
Ah! disaient-ils, suivons ce trait de flamme.
N'attendons pas, Dieu, que ton nom puissant,
Qu'on jette en l'air comme un nom de passant,
Soit, lettre à lettre, effacé de notre ame.
Et vers le ciel se frayant un chemin,
Ils sont partis en se donnant la main.

Dieu créateur, pardonne à leur démence.
Ils s'étaient faits les échos de leurs sons,
Ne sachant pas qu'en une chaîne immense,
Non pour nous seuls, mais pour tous, nous naissons.
L'humanité manque de saints apôtres
Qui leur aient dit : Enfants, suivez sa loi.
Aimer, aimer, c'est être utile à soi;
Se faire aimer, c'est être utile aux autres.
Et vers le ciel se frayant un chemin,
Ils sont partis en se donnant la main.

LE MÉNÉTRIER DE MEUDON.

AIR de la Contre-danse des petits pâtés.

Dansez vite! obéissez donc
Au ménétrier de Meudon.
Dansez vite! obéissez donc.
Il est le roi du rigodon.
    Guilain, sous les charmilles,
    Au temps de Rabelais,
    Mit en train femmes, filles,
    Bourgeois, manants, varlets.
    Les bigots, par rancune,
    Au sorcier criaient tous,
    Disant: Au clair de lune
    Il fait danser les loups.
Dansez vite! obéissez donc
Au ménétrier de Meudon.

Dansez vite! obéissez donc.
Il est le roi du rigodon.

Qu'il ait ou non un charme,
Par lui tout va sautant;
Vieux que la danse alarme,
Jeunes qui l'aiment tant.
Son coup d'archet sonore
Fit, et point n'en riez,
Danser jusqu'à l'aurore
Deux nouveaux mariés.
Dansez vite! obéissez donc
Au ménétrier de Meudon.
Dansez vite! obéissez donc.
Il est le roi du rigodon.

Un jour, sous sa fenêtre,
Passe un enterrement:
Le cortége et le prêtre
Entendent l'instrument.

Ils sautent; la prière
Cède aux joyeux accords ;
Et jusqu'au cimetière
On danse autour du corps.
Dansez vite! obéissez donc
Au ménétrier de Meudon.
Dansez vite! obéissez donc.
Il est le roi du rigodon.

A la Cour on l'appelle:
Il y va, le pauvret!
Là, que d'or étincelle!
Quel brillant cabaret!
Là, rois, princes, princesses,
Rubis, perles, velours ;
Tout, jusqu'à des caresses ;
Tout, hors de vrais amours.
Dansez vite! obéissez donc
Au ménétrier de Meudon.
Dansez vite! obéissez donc.
Il est le roi du rigodon.

Il joue, et l'on dédaigne
Ce qu'il y met de soin.
Où l'ambition règne
La gaîté perd son coin.
Maint danseur de quadrille
Se dit : N'oublions pas
Que plus le parquet brille
Plus on fait de faux pas.
Dansez vite ! obéissez donc
Au ménétrier de Meudon.
Dansez vite ! obéissez donc.
Il est le roi du rigodon.

Dieu ! chacun bâille ! ô rage !
Guilain désespéré
Fuit et meurt au village
De tout Meudon pleuré.
La nuit, revient son ombre.
Oyez ces sons lointains.
Guilain, dans le bois sombre,
Fait sauter les lutins.

Dansez vite! obéissez donc
Au ménétrier de Meudon.
Dansez vite! obéissez donc.
Il est le roi du rigodon.

JEAN DE PARIS.

AIR : Cette chaumière-là vaut un palais.

Ris et chante, chante et ris ;
Prends tes gants et cours le monde.
Mais la bourse vide ou ronde,
Reviens dans ton Paris.
Ah ! reviens, ah ! reviens, Jean de Paris. (*bis.*)

Toujours, dit la chronique ancienne,
Jean, sur son grand sabre, a sauté,
Quand, de leur ville, avec la sienne
Des sots comparaient la beauté.
Proclamant sur son ame,
En prose ainsi qu'en vers,
Les tours de Notre-Dame,
Centre de l'univers.

Ris et chante, chante et ris ;
Prends tes gants et cours le monde.
Mais la bourse vide ou ronde,
Reviens dans ton Paris.
Ah ! reviens, ah ! reviens, Jean de Paris.

S'il franchit la grande muraille ;
S'il cocufie un mandarin ;
Du peuple magot s'il se raille ;
A Paris s'il revient grand train ;
L'espoir qui le domine
C'est, chez son vieux portier,
De parler de la Chine
Aux badauds du quartier.
Ris et chante, chante et ris ;
Prends tes gants et cours le monde.
Mais la bourse vide ou ronde,
Reviens dans ton Paris.
Ah ! reviens, ah ! reviens, Jean de Paris.

Je veux de l'or beaucoup et vite,
Dit-il, au Pérou débarquant.

A s'y fixer chacun l'invite :
Me prend-on pour un trafiquant ?
Loin de mes dix maîtresses,
Fi de ce vil métal !
Je préfère aux richesses
Paris et l'hôpital.
Ris et chante, chante et ris ;
Prends tes gants et cours le monde.
Mais la bourse vide ou ronde,
Reviens dans ton Paris.
Ah ! reviens, ah ! reviens, Jean de Paris.

A la guerre gaîment il vole,
Pour la croix ou pour Saladin ;
Se bat, jure, pille et viole,
Puis à Paris écrit soudain :
« Que ma gloire s'étende
« Du Louvre aux boulevards ;
« Qu'un ramoneur y vende
« Mon buste pour six liards. »
Ris et chante, chante et ris ;

Prends tes gants et cours le monde.
Mais la bourse vide ou ronde,
Reviens dans ton Paris.
Ah! reviens, ah! reviens, Jean de Paris.

En Perse, il prétend qu'une reine
Lui dit un soir : Je te fais roi.
Soit! répondit-il; mais pour ma peine,
Jusqu'au Pont-Neuf viens avec moi.
Pendant huit jours de fête,
Tout Paris me verra
Montrer, couronne en tête,
Mon nez à l'Opéra.
Ris et chante, chante et ris;
Prends tes gants et cours le monde.
Mais la bourse vide ou ronde,
Reviens dans ton Paris.
Ah! reviens, ah! reviens, Jean de Paris.

Jean de Paris, dans ta chronique,
C'est nous qu'on peint, nous francs badauds.

Quittons-nous cette ville unique,
Nous voyageons Paris à dos.
Quel amour incroyable
Maintenant et jadis,
Pour ces murs dont le diable
A fait son paradis !
Ris et chante, chante et ris ;
Prends tes gants et cours le monde.
Mais la bourse vide ou ronde,
Reviens dans ton Paris.
Ah ! reviens, ah ! reviens, Jean de Paris.

PRÉDICTION DE NOSTRADAMUS

POUR L'AN DEUX MIL.

AIR des Trois couleurs.

Nostradamus, qui vit naître Henri quatre,
Grand astrologue, a prédit dans ses vers,
Qu'en l'an deux mil, date qu'on peut débattre,
De la médaille on verrait le revers.
Alors, dit-il, Paris dans l'allégresse,
Au pied du Louvre ouïra cette voix :
« Heureux Français, soulagez ma détresse ;
« Faites l'aumône (*bis*) au dernier de vos rois. »

Or, cette voix sera celle d'un homme
Pauvre, à scrofule, en haillons, sans souliers.
Qui, né proscrit, vieux, arrivant de Rome,
Fera spectacle aux petits écoliers.

Un sénateur criera : « L'homme à besace !
« Les mendiants sont bannis par nos lois. »
— « Hélas ! monsieur, je suis seul de ma race.
« Faites l'aumône au dernier de vos rois. »

« Es-tu vraiment de la race royale ? »
— « Oui, répondra cet homme, fier encor.
« J'ai vu dans Rome, alors ville papale,
« A mon aïeul, couronne et sceptre d'or.
« Il les vendit pour nourrir le courage
« De faux agents, d'écrivains maladroits.
« Moi, j'ai pour sceptre un bâton de voyage.
« Faites l'aumône au dernier de vos rois.

« Mon père âgé, mort en prison pour dettes,
« D'un bon métier n'osa point me pourvoir.
« Je tends la main ; riches, par-tout vous êtes
« Bien durs au pauvre, et Dieu me l'a fait voir.
« Je foule enfin cette plage féconde
« Qui repoussa mes aïeux tant de fois.
« Ah ! par pitié pour les grandeurs du monde,
« Faites l'aumône au dernier de vos rois. »

Le sénateur dira : « Viens ; je t'emmène
« Dans mon palais ; vis heureux parmi nous.
« Contre les rois nous n'avons plus de haine :
« Ce qu'il en reste embrasse nos genoux.
« En attendant que le sénat décide
« A ses bienfaits si ton sort a des droits,
« Moi, qui suis né d'un vieux sang régicide,
« Je fais l'aumône au dernier de nos rois. »

Nostradamus ajoute en son vieux style :
La république au prince accordera
Cent louis de rente, et, citoyen utile,
Pour maire, un jour, Saint-Cloud le choisira.
Sur l'an deux mil on dira dans l'histoire,
Qu'assise au trône et des arts et des lois,
La France en paix, reposant sous sa gloire,
A fait l'aumône au dernier de ses rois.

PASSY.

Air : T'en souviens-tu ?

Paris, adieu ; je sors de tes murailles.
J'ai dans Passy trouvé gîte et repos.
Ton fils t'enlève un droit de funérailles,
Et sa piquette échappe à tes impôts.
Puissè-je, ici, vieillir exempt d'orage,
Et, de l'oubli près de subir le poids,
Comme l'oiseau, dormir dans le feuillage,
Au bruit mourant des échos de ma voix !

LE VIN DE CHYPRE.

Air du vaudeville de Préville et Taconnet.

Chypre, ton vin qui rajeunit ma verve,
Me fait revoir l'enfant porte-bandeau,
Jupiter, Mars, Vénus, Junon, Minerve,
Ces dieux long-temps rayés de mon *Credo*.
Si nos auteurs, tout païens dans leurs livres,
M'ont fait maudire un culte ingénieux;
Ah! de ce vin c'est qu'ils n'étaient pas ivres.
Le vin de Chypre a créé tous les dieux.

Au culte grec, enseigné dans nos classes,
Oui, je reviens, tant Bacchus est puissant.
A mes chansons, dansez, Muses et Graces;
Souris, Phébus; Zéphyr, sois caressant.

Faunes, Sylvains, Bacchantes et Dryades,
Autour de moi formez des chœurs joyeux.
Mais de ma cave éloignez les Naïades.
Le vin de Chypre a créé tous les dieux.

Grace à ce vin de saveur goudronnée,
Je crois voguer vers ces anciens autels
Où la beauté de myrte couronnée,
Sous un ciel pur ravissait les mortels.
Nés dans le Nord, sous un vent de colère,
Figurons-nous ce ciel délicieux.
A le peupler l'homme a dû se complaire.
Le vin de Chypre a créé tous les dieux.

Les yeux en l'air le bon homme Hésiode
Cherchait jadis des dieux à noms ronflants.
Faute d'idée, il allait faire une ode;
De Chypre arrive une outre aux larges flancs.
Mon Grec s'enivre et sur Pégase il grimpe,
Chaud du nectar qui pousse au merveilleux.
L'outre était pleine; il en sort un olympe.
Le vin de Chypre a créé tous les dieux.

Aux déités, fables des vieux empires,
Nous opposons des diables peu tentants;
Des loups-garoux, des goules, des vampires,
Du moyen âge aimables passe-temps.
Fi des damnés, des spectres, et des tombes!
Fi de l'horrible! il est contagieux.
Chauve-souris, faites place aux colombes.
Le vin de Chypre a créé tous les dieux.

Anacréon, Ménandre, Eschyle, Homère,
Ont dans ce vin bu l'immortalité.
Ah! versez-m'en, et ma lyre éphémère
Pour l'avenir peut-être aura chanté.
Non; mais, d'amours conduisant une troupe,
Hébé pour moi quitte un moment les cieux.
En souriant elle remplit ma coupe.
Le vin de Chypre a créé tous les dieux.

LES QUATRE AGES HISTORIQUES.

AIR : A soixante ans, il ne faut pas remettre.

Société, vieux et sombre édifice,
Ta chute, hélas ! menace nos abris :
Tu vas crouler : point de flambeau qui puisse
Guider la foule à travers tes débris ?
Où courons-nous ? quel sage en proie au doute,
N'a sur son front vingt fois passé la main ?
C'est aux soleils d'être sûrs de leur route :
Dieu leur a dit : Voilà votre chemin.

Mais le passé nous dévoile un mystère.
Au bonheur, oui, l'homme a droit d'aspirer :
Par ses labeurs plus il étend la terre,
Plus son cerveau grandit pour l'enserrer.

En nation il vogue, nef immense,
Semer, bâtir aux rivages du temps.
Où l'une échoue une autre recommence.
Dieu nous a dit: Peuples, je vous attends.

Au premier âge, âge de la famille,
L'homme eut pour lois ses grossiers appétits.
Groupes épars, sous des toits de charmille,
Mâle et femelle abritaient leurs petits.
Ligués bientôt, les fils, tribu croissante,
Ont, dans un camp, bravé tigres et loups.
C'est au berceau la cité vagissante :
Dieu dit: Mortels, j'aurai pitié de vous.

Au second âge on chante la patrie,
Arbre fécond, mais qui croît dans le sang.
Tout peuple armé semble avoir sa furie
Qui foule aux pieds le vaincu gémissant.
A l'esclavage, eh quoi! l'on s'accoutume!
Il corrompt tout; les tyrans se font dieux.
Mais dans le ciel une lampe s'allume;
Dieu dit alors: Humains, levez les yeux.

L'âge suivant, sur tant de mœurs contraires,
Religieux, élève un seul autel.
Sois libre, esclave. Hommes, vous êtes frères.
Comme ses rois le pauvre est immortel.
Sciences, lois, arts, commerce, industrie,
Tout naît pour tous; les flots sont maîtrisés;
La presse abat les murs de la patrie,
Et Dieu nous dit: Peuples, fraternisez.

Humanité, règne! voici ton âge
Que nie en vain la voix des vieux échos.
Déja les vents au bord le plus sauvage
De ta pensée ont semé quelques mots.
Paix au travail! paix au sol qu'il féconde!
Que par l'amour les hommes soient unis;
Plus près des cieux qu'ils replacent le monde;
Que Dieu nous dise: Enfants, je vous bénis.

Du genre humain saluons la famille!
Mais qu'ai-je dit? pourquoi ce chant d'amour?
Aux feux des camps le glaive encor scintille;
Dans l'ombre à peine on voit poindre le jour.

Des nations aujourd'hui la première,
France, ouvre-leur un plus large destin.
Pour éveiller le monde à ta lumière,
Dieu t'a dit : Brille, étoile du matin.

LA PAUVRE FEMME.

Air de mon Habit,
ou d'Aristippe.

Il neige, il neige, et là, devant l'église,
Une vieille prie à genoux.
Sous ses haillons où s'engouffre la bise,
C'est du pain qu'elle attend de nous.
Seule, à tâtons, au parvis Notre-Dame,
Elle vient hiver comme été.
Elle est aveugle, hélas! la pauvre femme.
Ah! faisons-lui la charité.

Savez-vous bien ce que fut cette vieille
Au teint hâve, aux traits amaigris?
D'un grand spectacle, autrefois la merveille,
Ses chants ravissaient tout Paris.

Les jeunes gens, dans le rire ou les larmes,
S'exaltaient devant sa beauté.
Tous, ils ont dû des rêves à ses charmes.
Ah! faisons-lui la charité.

Combien de fois, s'éloignant du théâtre,
Au pas pressé de ses chevaux,
Elle entendit une foule idolâtre
La poursuivre de ses bravos!
Pour l'enlever au char qui la transporte,
Pour la rendre à la volupté,
Que de rivaux l'attendent à sa porte!
Ah! faisons-lui la charité.

Quand tous les arts lui tressaient des couronnes,
Qu'elle avait un pompeux séjour!
Que de cristaux, de bronzes, de colonnes!
Tributs de l'amour à l'amour.
Dans ses banquets, que de muses fidèles
Au vin de sa prospérité!
Tous les palais ont leurs nids d'hirondelles.
Ah! faisons-lui la charité.

Revers affreux ! un jour la maladie
Éteint ses yeux, brise sa voix ;
Et bientôt seule et pauvre elle mendie
Où, depuis vingt ans, je la vois.
Aucune main n'eut mieux l'art de répandre
Plus d'or, avec plus de bonté,
Que cette main qu'elle hésite à nous tendre.
Ah ! faisons-lui la charité.

Le froid redouble, ô douleur ! ô misère !
Tous ses membres sont engourdis.
Ses doigts ont peine à tenir le rosaire
Qui l'eût fait sourire jadis.
Sous tant de maux, si son cœur tendre encore
Peut se nourrir de piété ;
Pour qu'il ait foi dans le ciel qu'elle implore,
Ah ! faisons-lui la charité.

LES TOMBEAUX DE JUILLET.

1832.

AIR d'Octavie.

Des fleurs, enfants, vous dont les mains sont pures ;
Enfants, des fleurs, des palmes, des flambeaux !
De nos Trois-Jours ornez les sépultures.
Comme les rois le peuple a ses tombeaux.

Charle avait dit : « Que juillet qui s'écoule
« Venge mon trône en butte aux niveleurs.
« Victoire aux lis ! » Soudain Paris en foule
S'arme et répond : Victoire aux trois couleurs !

Pour parler haut, pour nous trouver timides,
Par quels exploits fascinez-vous nos yeux ?
N'imitez pas l'homme des Pyramides :
Dans son linceul tiendraient tous vos aïeux.

Quoi! d'une Charte on nous a fait l'aumône,
Et sous le joug vous voulez nous courber!
Nous savons tous comment s'écroule un trône.
Dieu juste! encore un roi qui veut tomber.

Car une voix qui vient d'en haut, sans doute,
Au fond du cœur nous crie : Égalité!
L'égalité? c'est peut-être une route
Qu'aux malheureux ferme la royauté.

Marchons! marchons! A nous l'Hôtel-de-Ville!
A nous les quais! à nous le Louvre! à nous!
Entrés vainqueurs dans le royal asile,
Sur le vieux trône ils se sont assis tous.

Qu'un peuple est grand qui, pauvre, gai, modeste,
Seul maître, après tant de sang et d'efforts,
Chasse en riant des princes qu'il déteste,
Et de l'état garde à jeun les trésors!

Des fleurs, enfants, vous dont les mains sont pures;
Enfants, des fleurs, des palmes, des flambeaux!

De nos Trois-Jours ornez les sépultures.
Comme les rois le peuple a ses tombeaux.

Des artisans, des soldats de la Loire,
Des écoliers s'essayant au canon,
Sont tombés là, vous léguant leur victoire,
Sans penser même à nous dire leur nom.

A ces héros la France doit un temple.
Leur gloire au loin inspire un saint effroi.
Les rois que trouble un aussi grand exemple,
Tout bas ont dit : Qu'est-ce aujourd'hui qu'un roi ?

Voit-on venir le drapeau tricolore ?
Répètent-ils, de souvenirs remplis.
Et sur leur front ce drapeau semble encore
Jeter d'en haut les ombres de ses plis.

En paix voguant de royaume en royaume,
A Sainte-Hélène en sa course il atteint.
Napoléon, gigantesque fantôme,
Paraît debout sur ce volcan éteint.

A son tombeau la main de Dieu l'enlève.
« Je t'attendais, mon drapeau glorieux.
« Salut! » Il dit, brise et jette son glaive
Dans l'Océan, et se perd dans les cieux.

Dernier conseil de son génie austère!
Du glaive en lui finit la royauté.
Le conquérant des sceptres de la terre,
Pour successeur choisit la Liberté.

Des fleurs, enfants, vous dont les mains sont pures;
Enfants, des fleurs, des palmes, des flambeaux!
De nos Trois-Jours ornez les sépultures.
Comme les rois le peuple a ses tombeaux.

Des corrupteurs la faction titrée,
Déserte en vain cet humble monument;
En vain compare à l'émeute enivrée,
De nos vengeurs le noble dévouement.

Enfants, en rêve, on dit qu'avec les anges
Vous échangez la nuit les plus doux mots.

De l'avenir prédisez les louanges,
Pour consoler ces ames de héros.

Dites-leur : Dieu veille sur votre ouvrage.
Par nos erreurs ne vous laissez troubler.
Du coup qu'ici frappa votre courage,
La terre encore a long-temps à trembler.

Mais dans nos murs fondrait l'Europe entière,
Qu'au prompt départ de vingt peuples rivaux,
La liberté naîtrait de la poussière
Qu'emporteraient les pieds de leurs chevaux.

Par-tout luira l'égalité féconde.
Les vieilles lois errent sur des débris.
Le monde ancien finit ; d'un nouveau monde
La France est reine, et son Louvre est Paris.

A vous, enfants, ce fruit des Trois-Journées.
Ceux qui sont là vous frayaient le chemin.
Le sang français des grandes destinées
Trace en tout temps la route au genre humain!

19.

Des fleurs, enfants, vous dont les mains sont pures;
Enfants, des fleurs, des palmes, des flambeaux!
De nos Trois-Jours ornez les sépultures.
Comme les rois le peuple a ses tombeaux

ADIEU, CHANSONS!

AIR du Tailleur et la Fée,
ou d'Agéline.

Pour rajeunir les fleurs de mon trophée,
Naguère encor, tendre, docte ou railleur,
J'allais chanter, quand m'apparut la fée
Qui me berça chez le bon vieux tailleur.
« L'hiver, dit-elle, a soufflé sur ta tête:
« Cherche un abri pour tes soirs longs et froids.
« Vingt ans de lutte ont épuisé ta voix
« Qui n'a chanté qu'au bruit de la tempête. »
Adieu, chansons! mon front chauve est ridé.
L'oiseau se tait; l'aquilon a grondé.

« Ces jours sont loin, poursuit-elle, où ton ame
« Comme un clavier modulait tous les airs;

« Où la gaîté, vive et rapide flamme,
« Au ciel obscur prodiguait ses éclairs.
« Plus rétréci l'horizon devient sombre.
« Des gais amis le long rire a cessé.
« Combien là bas déja t'ont devancé!
« Lisette même, hélas! n'est plus qu'une ombre. »
Adieu, chansons! mon front chauve est ridé.
L'oiseau se tait; l'aquilon a grondé.

« Bénis ton sort. Par toi la poésie
« A d'un grand peuple ému les derniers rangs.
« Le chant qui vole à l'oreille saisie,
« Souffla tes vers même aux plus ignorants.
« Vos orateurs parlent à qui sait lire;
« Toi, conspirant tout haut contre les rois,
« Tu marias, pour ameuter les voix,
« Des airs de vielle aux accents de la lyre. »
Adieu, chansons! mon front chauve est ridé.
L'oiseau se tait; l'aquilon a grondé.

« Tes traits aigus lancés au trône même,
« En retombant aussitôt ramassés,

« De près, de loin, par le peuple qui t'aime,
« Volaient en chœur jusqu'au but relancés.
« Puis quand ce trône ose brandir son foudre,
« De vieux fusils l'abattent en trois jours.
« Pour tous les coups tirés dans son velours,
« Combien ta muse a fabriqué de poudre! »
Adieu, chansons! mon front chauve est ridé.
L'oiseau se tait; l'aquilon a grondé.

« Ta part est belle à ces grandes journées,
« Où du butin tu détournas les yeux.
« Leur souvenir, couronnant tes années,
« Te suffira, si tu sais être vieux.
« Aux jeunes gens racontes-en l'histoire;
« Guide leur nef; instruis-les de l'écueil;
« Et de la France, un jour, font-ils l'orgueil,
« Va réchauffer ta vieillesse à leur gloire. »
Adieu, chansons! mon front chauve est ridé.
L'oiseau se tait; l'aquilon a grondé.

Ma bonne fée, au seuil du pauvre barde,
Oui, vous sonnez la retraite à propos.

Pour compagnon, bientôt dans ma mansarde,
J'aurai l'oubli, père et fils du repos.
Mais à ma mort, témoins de notre lutte,
De vieux Français se diront, l'œil mouillé :
Au ciel, un soir, cette étoile a brillé;
Dieu l'éteignit long-temps avant sa chute.
Adieu, chansons! mon front chauve est ridé.
L'oiseau se tait; l'aquilon a grondé.

NOTES.

NOTES.

LE FEU DU PRISONNIER.

[1] La liberté, là, m'offrait le repos.

Quelques personnes m'avaient écrit de Suisse pour m'offrir un refuge, si je voulais éviter la détention dont j'étais menacé.

[2] En vain tout bas on me dit : Deviens sage.

On avait tenté de me faire entendre qu'il ne tenait qu'à moi d'obtenir des adoucissements à ma captivité.

MES JOURS GRAS DE 1829.

[3] Je passe encor, grace à Bridoie,

J'ai passé à Sainte-Pélagie le carnaval de 1822 :

Amis, voici la riante semaine, etc., etc.

[4] Dans votre beau discours du trône,

Il y avait dans le discours du trône, de cette année, une

phrase où tout le monde a cru voir une application à l'affaire qui m'a été faite. Quel honneur !

LE 14 JUILLET 1829.

5 A fêté ce grand jour.

Le 14 juillet 1789 il fit un temps magnifique ; le 14 juillet 1829 fut également beau, bien que l'été ait été horriblement pluvieux.

6 Héros du siège, un soldat bleu qui passe,

Un garde-française. Une grande partie de cette milice s'échappa des casernes où elle était consignée, et prêta le plus utile secours aux Parisiens pour prendre la vieille forteresse féodale.

LE CARDINAL ET LE CHANSONNIER.

7 Quel beau mandement vous nous faites !

En mars 1829, M. de Clermont-Tonnerre, archevêque de Toulouse, publia un mandement pour le carême, où, en s'attaquant aux lumières du siècle, il faisait une longue sortie contre moi et mes chansons, en félicitant toutefois les juges du châtiment qu'ils m'avaient infligé. C'est à *la Force* que j'ai eu le plaisir de lire ce morceau d'éloquence très catholique, mais peu chrétienne.

En répondant à cette Éminence, morte depuis, je n'ai oublié ni son grand âge ni sa position sociale.

8 Des jésuites elle raffole;

On sait combien M. de Clermont-Tonnerre tenait aux jésuites, et l'on connaît ses protestations contre les ordonnances relatives à l'instruction publique.

9 A chaque vers patriotique,

Le titre de *poëte national* qu'on veut bien me donner quelquefois, choquait particulièrement ce prince de l'Église romaine.

10 Dignes du bon Samaritain?

Dans l'évangile du *bon Samaritain*, un prêtre et un lévite passent d'abord auprès de l'homme expirant, sans lui porter secours. Pourtant Jésus-Christ ne dit point qu'ils insultent à son malheur. Mais c'est un hérétique qui lave et panse les blessures du moribond.

[11] Mais au Conclave on met la nappe,

Léon XII venait de mourir; le conclave s'assemblait, et l'archevêque de Toulouse se mettait en route pour Rome.

LES DIX MILLE FRANCS.

[12] Dix mille francs, dix mille francs d'amende!

Le 10 décembre 1828, je fus condamné à neuf mois de prison et à 10,000 francs d'amende.

[13] « Pour fait d'outrage aux enfants d'Henri quatre,

Je fus condamné pour outrage à la personne du Roi et à la famille royale.

[14] Quand sur ma muse on venge la morale,

Je fus aussi condamné pour atteinte à la morale publique.

[15] Bardes du sacre, êtes vous enrhumés?

La chanson du sacre de Charles-le-Simple fut la cause première de ma condamnation.

La sainte Ampoule brisée en 93, sur la place publique de

Reims, fut retrouvée miraculeusement pour le sacre de Charles X.

[16] Que de géants là bas je vois paraître!

Allusion aux *Infiniment petits*, seconde cause de ma condamnation.

[17] Promet mon ame aux gouffres dévorants.

Un prédicateur, dans une des principales églises de Paris, fit une sortie contre moi, après ma condamnation, et dit que la peine qu'on m'infligeait ici-bas n'était rien auprès de celle qui m'attendait en enfer.

[18] Déja le diable a plumé mon bon ange.

L'*Ange gardien*, prétexte de ma condamnation pour atteinte à la morale publique : on ne voulut pas ne faire porter le jugement que sur des chansons politiques, et on n'osa pas incriminer les chansons contre les jésuites : il fallut bon gré mal gré que l'*Ange gardien* payât pour toutes.

[19] C'est bien leur compte. Ah! du moins La Fontaine,

Le dévouement de La Fontaine pour Fouquet le fit exiler en Touraine, avec son cousin Jeannard; on doit à cet exil les lettres de La Fontaine à sa femme. On y voit que le lieutenant-criminel leur fournit de l'argent pour le voyage. Les temps sont bien changés.

20.

[20] Monsieur Loyal, délivrez-moi quittance.

M. Loyal, l'huissier de Tartufe.

[21] Vive le Roi! voilà dix mille francs.

Il y a ici une inexactitude. Ce n'est point 10,000, mais 11,250 francs qu'on m'a fait payer, grace au dixième de guerre et aux frais.

LE CORDON, S'IL VOUS PLAIT!

[22] Dont il soutint les premiers pas.

M. de Jouy qui, dans les genres élevés, a mérité les plus brillants succès, est l'auteur de beaucoup de chansons charmantes, ce qui ne l'a pas empêché, dès mon début, de prêter aux miennes l'appui de sa réputation. Rien n'était plus propre à les faire connaître dans toute la France que leur éloge souvent répété dans l'Ermite de la Chaussée-d'Antin.

[23] Que je dois trois termes ici.

J'étais condamné à neuf mois de prison.

24 DENYS, MAITRE D'ÉCOLE.

Denys, fils de Denys l'Ancien, après avoir opprimé Syracuse pendant plusieurs années, chassé enfin, se retira à Corinthe, où, dit-on, il se fit maître d'école. Soupçonné d'avoir tenté de remonter sur le trône de Sicile, il fut obligé de quitter Corinthe, et s'associa à des prêtres de Cybèle, qui l'initièrent à leur culte. Il s'enivrait, dansait et courait les campagnes avec eux. C'est ainsi qu'au dire de quelques historiens, il finit sa triste existence.

25 L'ALCHIMISTE.

Il ne faut pas croire que cette espèce de charlatans ou de fous ait entièrement disparu de la France. C'est l'un d'eux qui m'a donné l'idée de cette chanson. Il faut convenir que celui-là avait l'air d'une profonde conviction.

26 Ou d'un vieux livre interroge les mots.

L'Hermès des anciens Égyptiens passait dans l'antiquité pour avoir découvert tous les secrets de la nature et les avoir transmis aux prêtres de son pays. La transmutation des métaux lui était attribuée; de là le nom de science *hermétique*. Les prétendus livres qui portent son nom sont, dit-on, l'ouvrage des Grecs du

Bas-Empire. Ils sont encore la régle des alchimistes et souffleurs, gens qui cherchent le grand œuvre ou la pierre philosophale, secret qui donne à-la-fois des trésors à volonté et la prolongation indéfinie de la vie humaine. Nicolas Flamel, qui eut la réputation chez nos aïeux d'avoir découvert la pierre philosophale, passait pour être devenu immortel, et je ne sais quel ancien voyageur raconte l'avoir rencontré en Asie deux ou trois siécles après l'époque où il vécut.

CHANT FUNÉRAIRE

POUR LE CONVOI DE QUÉNESCOURT.

[7] Long-temps son nom se lire sur la pierre!

François Quénescourt, né à Péronne, où j'ai passé six ans de ma jeunesse, est mort à Nanterre, près de Paris. J'ai reçu de lui les preuves de l'amitié la plus tendre et la plus constante. Cette chanson n'exprime qu'imparfaitement tous les services que cet ami m'a rendus. Voici l'épitaphe que je lui ai composée : Qui n'a pas connu cet homme d'un extérieur si simple, d'un ton si modeste, mais dont l'esprit était si élevé, le cœur si parfait, ne peut apprécier le peu qu'il y a de mérite dans ces quatre vers où j'ai tâché de le peindre.

Vous, qui le rencontrant, n'avez pas reconnu
Qu'un esprit cultivé, qu'une ame tendre et fière

Brillaient sous l'humble habit de cet homme ingénu ;
Saluez-le sous cette pierre.

28 LES CONTREBANDIERS.

Le *Bon Sens d'un homme de rien* est un livre d'un grand sens fait par un homme de beaucoup d'esprit. Dans un cadre fort original, l'auteur, philanthrope consciencieux et instruit, a traité beaucoup de questions économiques qu'il a su revêtir d'une forme à-la-fois piquante et familière. Les questions politiques y sont également abordées avec une franchise toute bretonne. Le style de cet ouvrage, remarquable par une correction sans recherche et une naïveté sans affectation, décèle un très rare talent d'écrivain, fait pour s'illustrer dans la défense des intérêts populaires. A l'appui de cette opinion, on peut lire le discours prononcé par M. Bernard, à la Chambre, lors de la discussion sur la réforme du Code pénal.

29 ÉMILE DEBRAUX.

Émile Debraux est mort au commencement de 1831, à l'âge de trente-trois ans. Peu de chansonniers ont pu se vanter d'une popularité égale à la sienne, qui, certes, était bien méritée. Les chansons de *la Colonne ; Soldat, t'en souviens-tu ? Fanfan la*

Tulipe; Mon petit Mimile, etc., ont eu un succès prodigieux, non seulement dans les guinguettes et les ateliers, mais aussi dans les salons libéraux.

L'existence de Debraux n'en resta pas moins obscure : il ne savait ni se faire valoir, ni solliciter. Pendant la Restauration, il se laissa poursuivre, juger, condamner, emprisonner, sans se plaindre, et je ne sais si une seule feuille publique lui adressa deux mots de consolation. Souvent il fut réduit à faire des copies et à barbouiller des rôles pour nourrir sa femme et ses trois enfants.

Les sociétés chantantes, dites *Goguettes*, le recherchèrent toutes, et je crois qu'il n'en négligea aucune. Si, dans ces réunions, Debraux se laissa aller à son penchant pour la vie insouciante et joyeuse, il faut dire que par des soins utiles elles adoucirent ses derniers moments, rendus si pénibles par une maladie lente et douloureuse.

Sa pauvre famille n'a obtenu que d'incertains et faibles secours dans la répartition faite par le Comité des récompenses nationales. Pourtant les chansons de Debraux, en contribuant à exalter le patriotisme du peuple, ont concouru au triomphe de Juillet, qu'à son lit de mort, il a salué d'une voix défaillante.

PONIATOWSKI.

Joseph Poniatowski, neveu du dernier roi de Pologne, né en 1766, servit glorieusement dans les armée françaises depuis 1806 jusqu'à 1813. Après la bataille de Leipzig, Napoléon l'éleva au grade de maréchal d'empire, et lui donna le commandement d'un corps de Polonais et de Français, à la tête duquel il fit des prodiges de valeur. Le 18 octobre, les ponts de l'Elster ayant été détruits pour couvrir notre retraite, Poniatowski, resté à l'arrière-garde et pressé de toutes parts par les troupes ennemies, rejette les propositions que leurs généraux lui font faire. Dangereusement blessé, il s'écrie : *Dieu m'a confié l'honneur des Polonais, je ne le remettrai qu'à Dieu.* Il tente de s'ouvrir un passage à travers le fleuve, mais épuisé de sang, et entraîné par les flots, il disparaît englouti. Ce n'est que quelques jours après que son corps fut trouvé sur les bords de l'Elster.

Cette chanson, celles de *Hâtons-nous!* du 14 *juillet* 1829, et *A mes amis les ministres*, furent publiées en 1831, au profit du Comité polonais. Elles étaient précédées d'une dédicace au général Lafayette, président de ce Comité, et premier grenadier de la garde nationale de Varsovie. Dans la dédicace, trop longue pour être rapportée ici, se trouvaient deux couplets qu'on me saura gré peut-être de donner, parcequ'ils sont un hommage au héros des deux mondes.

Sa vie entière est comme un docte ouvrage,
Par la vertu transcrit, conçu, dicté.

La gloire y brille ; à chaque jour sa page.
Point d'*errata* : tout pour la liberté.
De bien long-temps qu'à nos pleurs Dieu ne livre
Si plein qu'il soit, le chapitre dernier,
Et qu'un seul mot constate en ce beau livre
Que le grand homme aima le chansonnier.

Comme il s'agissait de solliciter des secours d'argent pour la Pologne, j'ajoutais, sur l'air de la Sainte-Alliance des peuples :

Le Polonais de son schako civique
Ceint votre front, ce front que tant de fois
Olmutz, Paris, l'Europe, et l'Amérique
Ont vu si calme intimider les rois.
Lorsque je chante honneur, gloire, souffrance,
Si dans les cœurs ma voix trouve un écho,
Pour recueillir l'obole de la France,
Tendez votre schako.

31 L'ÉCRIVAIN PUBLIC.

Cette chanson est anciennement faite. Moins on la trouvera digne de voir le jour, mieux on se rendra compte du motif qui la fait livrer aujourd'hui à l'impression.

M. DE CHATEAUBRIAND.

31 Brille à tes chants d'une noble rougeur.

Dans un des couplets qui précèdent celui-ci, je parle des *lyres* que la France doit à M. de Chateaubriand. Je ne crains pas que ce vers soit démenti par la nouvelle école poétique, qui, née sous les ailes de l'aigle, s'est, avec raison, glorifiée souvent d'une telle origine. L'influence de l'auteur du *Génie du Christianisme* s'est fait ressentir également à l'étranger, et il y aurait peut-être justice à reconnaître que le chantre de Child Harold est de la famille de René.

Après ce que je viens de rappeler du grand mouvement qu'il a donné à la poésie moderne, il importe peu à M. de Chateaubriand que je répète ici ce que j'ai dit dans ma préface de l'influence particulière de ses ouvrages sur les études de ma jeunesse. Je crois plus à propos de faire ressouvenir qu'en 1829, M. de Chateaubriand m'ayant honoré de marques d'intérêt et d'estime, en fut vivement réprimandé par les organes du pouvoir auquel la France était livrée. Je rougis d'avoir si faiblement acquitté ma dette envers le plus grand écrivain du siècle, sur-tout quand je pense qu'il a consacré quelques pages à immortaliser mes chansons. C'est un plaidoyer en leur faveur que la postérité lira sans doute, mais l'avocat le plus éloquent ne saurait gagner toutes les causes. Puisse du moins la trop grande générosité de M. de Chateaubriand ne lui donner jamais de clients plus ingrats que le chansonnier qu'il a bien voulu placer sous la protection de son génie !

LA RESTAURATION DE LA CHANSON.

[33] On te détrônait.

A la fin de juillet 1830, j'avais dit : On vient de détrôner Charles X et la chanson. Ce mot fut répété à la tribune.

[34] Depuis les jours de décembre,

Le jugement des ministres de Charles X. La Chambre alors ne voulait point entendre parler de sa dissolution.

[35] Sauveront leur nid.

On craignait encore que l'hérédité de la pairie ne fût conservée.

SOUVENIRS D'ENFANCE.

[36] Et m'apprivoise avec celle des rois.

Dans la chanson du *Tailleur et la Fée*, l'auteur a déja eu occasion de dire qu'à l'âge de douze ans, il fut frappé du tonnerre. Sa vie fut plusieurs jours en danger et il faillit perdre la vue.

LES FOUS.

[57] Fourier nous dit : Sors de la fange,

M. Charles Fourier, auteur du *Nouveau monde industriel* et de la découverte du *Procédé d'industrie sociétaire.*

[58] LE SUICIDE.

J'ai connu ces deux jeunes gens, dont la fin a été si déplorable. Lebras m'avait adressé quelques pièces de vers patriotiques. Sa constitution était faible et maladive, mais tout annonçait en lui un cœur honnête et bon. Malgré l'accueil que je lui fis à *la Force*, où il vint me voir, il cessa de me visiter après ma sortie. Je n'en puis donc dire que fort peu de chose. J'ai bien mieux connu Escousse. C'est à *la Force* aussi qu'il vint me trouver, en m'apportant une fort jolie chanson que ma détention lui avait inspirée. Alors et depuis, je lui prodiguai les marques du plus vif intérêt et les conseils de l'expérience. Peu de jeunes auteurs m'ont fait concevoir une meilleure idée de leur avenir, moins par ses essais que par le jugement qu'avec tant de candeur il en portait lui-même. Lors du succès de *Faruch le Maure*, il m'écrivit : *Je me souviens de ce que vous m'avez dit ; ne craignez rien. Mon triomphe ne m'a pas enivré. J'en ai été étourdi tout au plus cinq minutes.*

Son malheur fut celui qui menace plus ou moins aujourd'hui beaucoup d'hommes de son âge, dans l'espèce de serre chaude où nous vivons. La raison d'Escousse avait acquis une trop prompte maturité. Une tête ainsi faite sur un corps d'enfant n'est propre qu'à flétrir la jeunesse, quand cette précocité n'est pas le rare effet d'une organisation particulière. Elle produit un besoin de perfection qui, ne sachant à quoi se prendre, désenchante la vie à son plus bel âge. Je n'attribue qu'à une sorte de découragement la funeste résolution de ce malheureux et intéressant jeune homme. Il y eut aussi fatalité pour Lebras et pour lui à s'être rencontrés avec des dispositions semblables. Loin l'un de l'autre, peut-être tous deux se furent-ils soumis à leur destinée, qu'ils s'encouragèrent à terminer violemment.

Une feuille publique a accusé Escousse d'incrédulité absolue. Pour repousser cette accusation, je me crois obligé de citer les derniers mots de la lettre qu'il m'écrivit quelques heures avant l'exécution de son déplorable dessein : *Vous m'avez connu, Béranger : Dieu me permettra-t-il de voir du coin de l'œil la place qu'il vous réserve là haut ?*

Outre les drames de *Faruch* et de *Pierre III*, Escousse a laissé des chansons d'un style un peu négligé sans doute, mais empreintes des nobles sentiments et des pensées généreuses qui inspirèrent quelques actions de sa trop courte carrière.

On m'a raconté que, sur le point d'être surpris avec une personne que sa présence pouvait compromettre, il se précipita d'un second étage dans une cour pavée. Son dévouement lui porta bonheur; il n'en résulta pour lui ni blessure ni contusion.

En 1830, le 28 juillet, il se rendit de grand matin à la place de Grève, y combattit tout le jour, toute la nuit, et se trouva le lendemain à la prise du Louvre et des Tuileries. Après la victoire du peuple, Escousse ne dit mot des dangers qu'il avait courus, et, quoiqu'il fût pauvre et sans appui, ne voulut jamais adresser de demande d'aucun genre à la Commission des récompenses nationales.

Et c'est à dix-neuf ans qu'il a volontairement mis fin à une existence qui promettait d'être si belle et si féconde !

TABLE.

FIN DE LA TABLE.

www.ingramcontent.com/pod-product-compliance
Ingram Content Group UK Ltd.
Pitfield, Milton Keynes, MK11 3LW, UK
UKHW020237180726
13839UKWH00001B/19